tecnologia de substituição

ensinar a trabalhar

BY H.A DAWOOD

Conteúdo

As Tecnologias de Informação e Comunicação (TIC) estimulam mudanças que envolvem toda a vida social em escala planetária. No entanto, além os discursos promissores que questionam os homens e mulheres do globo como eu"con- consumidores e usuários de um mundo tecnológico", a integração das TIC em diferentes países, regiões geográficas e grupos sociais não ocorre de maneira uniforme. Os processos de inserção são complexos, muitas vezes duplos, e não todos a população em mesmo. É requeridos reconhecer, em uma lado, que a expansão a partir de a Mídia e tecnologias digitais melhoram a produção, circulação e armazenamento jantar e recepção de várias mensagens a grande distância e escala. Mas por outro lado, ao motorizar desigualdades em a Acesso de a Treinamento e ao conhecimento, aumentar diferenças econômicas, sociais e culturais existentes. A chamada "divisão digital" é dinâmico e envolve aspectos relacionados à desigualdade no acesso à infraestrutura, suportes ou conectividade, nas possibilidades de interação e no potencial de apropriação importante por parte Comercial.

Em a hora, mais tarde, a disseminação a partir de a TIC eu sei desde o em a quadro, quadro a partir de uma "balão-assimetria" [1] promotor de desequilíbrios que vão além das variáveis meramente tecnológica. DE pesar a partir de Está, a meios de comunicação a partir de Comunicação e a tecnologias digital a partir de a Treinamento ter uma impacto em a definições a por ai material e simbólico A partir de de quem Tráfego a novo século? OU TIC intervir tanto em a Produção a partir de bense Serviços que em a Demanda judicial a partir de socialização. Vocês importância mentiras em a eu posso de mediar a formação de opiniões, valores, expectativas sociais e formas de sentir, pensar ato em a mundo. R) Sim, em uma sociedade Onde a grupos Social eu sei reunir cada Hora mais fragmentado, a tecnologias a partir de a Treinamento e a Comunicação Eles estão canais a partir de circulação a partir de representações e Ideias em porta de entrada de a que a população segmento eu posso reunir pontos a partir de Contato e Conexão. A partir de É perspectiva, a TIC ter uma ocupação cultural central: acumular a conhecimento que a romances ter em a sociedade que eixo- Assim. Mas eu sei doces a partir de uma construção seletivo cruzado em a saturação a partir de Treinamento, em uma lado, e

4

em De outros, em a presença a partir de a meios de comunicação maciço a partir de Comunicação com em foco lata em a Produção a partir de conteúdo e uma Forte imprimir a partir de a lógica a Mercado.

Nesse contexto sociocultural, a educação tende a se comportar como uma variável que definir a Entrada ou a exclusão a partir de a romances de a diferente comunidades É que a alcance escola Superior ele segue estar uma espaço privilegiado de a conhecimento e intervenção sobre os complexos fenômenos necessários para a convivência e a mudança social. É Portanto, a entrada das TIC nas escolas está ligada à alfabetização no novas linguagens; contato com novos conhecimentos e a resposta a determinadas demandas domundo de trabalho. Mas a integração pedagógica das TIC exige também formação capacidades para compreender e participar nesta realidade mediada. Nisso Nesse sentido, a formação sistemática é uma oportunidade para jovens e adultos de tornam-se consumidores conscientes e produtores culturais criativos. É oportunidade de desenvolver conhecimentos e habilidades que o simples contato com tecnologias e seus produtos não necessariamente geram.

A relevância política do papel inclusivo da escola em torno do problema da TIC foi explícito faz pouco em a quadro, quadro a debate a partir de a Novo Lei a partir de Educação Nacional. OU documento tema de a discussão público criado a responsabilidade do Estado Nacional Argentino para "garantir a equidade no acesso, uma vez que dependerá das capacidades futuras dos alunos para aproveitar ao máximo uso inteligente das TIC, seja para acessar bens culturais ou para adquirir formação para o mundo do trabalho. A escola – dizia o texto – "deve assume um papel fundamental porque é o espaço onde todos os meninos e meninas, jovens e os adultos podem acessar efetivamente a alfabetização digital. foi assim e A missão da escola continua sendo a entrada das crianças na cultura letrada, hoje deve incorporar a aprendizagem e o uso de novas linguagens digitais". NoAtualmente, através dos artigos 7º e 8º, a Lei Nacional de Educação (nº 26.206) legislar em É realidade. OU Doença "garantia a Acesso a partir de todos elas os cidadãos /sobre a informação e o conhecimento como instrumentos centrais de participação no processo de desenvolvimento com crescimento econômico e justiça social", e mantém "A educação deve proporcionar as oportunidades necessárias para desenvolver e fortalecer a Treinamento integrante a partir de a pessoas de Está comprimento a partir de todos a tempo de vida e promover em cada educar-têm a capacidade de definir seu projeto de vida, com base nos valores de liberdade, paz, solidariedade, igualdade, Eu respeito de diversidade, Justiça, responsabilidade e Nós vamos Comum".

Esse cenário convida a escola a refletir sobre as propostas de inserção. estratégias conjuntas, didáticas e modelos institucionais de gestão das TIC. Mas, fundamentalmente, desafia-a a repensar as formas de transmissão do conhecimento que são colocados em jogo em suas salas de aula. Para que a integração pedagógica das TIC seja derramar uma oportunidade de inclusão deve ser significativo para aqueles que participamÉ por aí? UMA inserção eficaz não eu sei eu posso dar ao margem a partir de a Demanda judicial histórico, cultura-trilhos, políticos e barato em a que a romances Tráfego. necessidade de responda de

Deles realidades, preocupações, interesses, conhecimento e Expectativas. demandas dar a palavra dea estudantes, devolvê-los visível e reconhecê-los que romances cultural em uma aqui e agora.

A partir de lá o início a escola Superior Argentina eu sei preocupado em "acumular igualdade", em Junte-sede a diferente em porta de entrada de uma esboço, projeto Comum. Mas a sistema educacional tradicionalfoi concebido com base num princípio de abastecimento homogéneo. Hoje, embora se preocupem toons permanecem os mesmos, os novos mecanismos culturais da sociedade e aa economia do conhecimento tende a respeitar as particularidades. as escolas vãoaproximar as tecnologias de informação e comunicação diverso, relação comercial Entre a Progresso carrapato de mídia e tecnológica, a culturas organizar-nacionalidades, necessidades de ensino, lacunas geracionais e dotes Autonomia juvenil e expectativas da comunidade. Assim, as politicas publicas As leis públicas exigem levar em conta as instituições e os sujeitos em uma situação. Quando em a presente eu sei conversas a partir de igualdade em a escola Superior, eu sei pensar em uma igualdade complexo. Uma igualdade que possibilita e valoriza as diferenças que cada um contribui como ser humano. Não. A partir de leste modo, a escola Superior em tanto agência Social eu sei reinserir em a dinâmico cultural.É revitalizado como um espaço público fértil para a "cidadania dos problemas da a comunicação" [2.] É que com a integração a partir de a TIC de Projetos Cruz e S.I.G-definitivamente, a escola está ligada a diversos movimentos da sociedade civil queima Ocupação vital em a proteção e promoção a partir de a diversidade a partir de a expressões a partir de a culturae acesso ao

6

conhecimento.

Treinamento em TIC

A incorporação das TIC no trabalho pedagógico das instituições escolares é estendido em a Ministério a partir de Educação, Ciência e Tecnologia (Apresentação) que papelde políticas inclusivas destinadas a reduzir as lacunas educacionais que atualmente existe em argentino OU desigualdade a partir de oportunidades que Sofra homem jovem educado pertencente de setores desamparado a partir de a sociedade É concebida que uma dificuldadenão só econômica, mas política, pedagógica e cultural. As diferenças de possibilidades As noites de acesso à tecnologia atualmente também implicam grandes distâncias em as possibilidades de acesso a produtos culturais, informação e conhecimento, que impactam na construção da subjetividade, nos projetos de vida futuros e na participação cidadã das novas gerações. É por isso que a integração de As TICs na escola não são entendidas a partir desta proposta como um problema só técnico e instrumental. abordado a partir de uma perspectiva educacional e cultural,A incorporação das tecnologias de informação e comunicação no ensino. requer o desenvolvimento de habilidades analíticas, cognitivas, criativas e comunicativas alunos, professores e diretores, que permitem tanto a apropriação significativa do oferta cultural, tecnológica e informativa em circulação, como a produção de mensagensnecessários para a ação pessoal, profissional e cidadã em uma sociedade pluralista. Inteligente e democrático.

Em linha com uma perspectiva educacional e cultural, mais tarde, a integração a partir de TIC de a Pró-de pedagógico eu posso Ser considerado que papel a partir de uma política inclusivo Quando: considera

de cada escola Superior O que Centro a partir de extensão a partir de a oferta tecnológica e cultural; eu sei preocupações em a aumentar a partir de Habilidades não só técnicas por outro lado O que mais cognitivo, criativo e comunicar- laços requeridos de a provisório Presente e futuro a partir de a homem jovem; conceber de A tecnologiae os processos de circulação e consumo de informações ou produtos culturais como objeto de constante problematização; incorporar tecnologia e informação em ensino em diferente Campos disciplinar; favores a construção a partir de subjetividades integrar a oferta tecnológica e cultural global aos

7

contextos de vida; facilita ex Pressão e visibilidade a partir de homem jovem a partir de setores desamparado de através de a partir de a Produçãoe de em circulação a partir de publicações ter que fortalecer a identidade Lugar, colocar; articula atrabalho escolar sobre a integração das TIC e disciplinas com práticas que envolvem a comunidade; e, por fim, quando propõe um trabalho institucional contínuo que promove a apropriação das TIC como parte da vida cotidiana presente e futura (entretenimento, educação, comunicação, trabalho, participação).

Em leste senso, a proposta que eu sei presentes em leste material você verá que a Treinamentodos alunos em TIC exige o fortalecimento das equipes docentes, diretores, marés, supervisores e técnicos. Um reforço que permite uma aproximação ao novas linguagens e "novas culturas", repensando estratégias de ensino e designnovas propostas didáticas. É preciso reposicionar o professor como mediador da processos educacionais. Os jovens precisam ser orientados para alcançar produções crítico e criativo. Mas nesta tarefa o professor não pode trabalhar de forma isolado por outro lado de acordo com equipamento sob uma estrutura institucional. Sem embargo, Váriosàs vezes é a própria instituição que precisa de apoio, tanto na formação como na atualização pode de seus profissionais como na gestão.

Sabemos que as escolas do nosso país são diferentes. Suas histórias institucionais, culturas organizacional, experiências a partir de trabalho, estilos a partir de gestão, e contextos a partir de moedas de dez centavos peão, as trajetórias profissionais docentes ou os interesses dos alunos que acolhem são vários. Uma proposta de integração pedagógica das TIC não pode ignorar esta diversidade sim apontar para estar significativo e satisfatório. A partir de É perspectiva, mais tarde, integrar pedagogicamente as TIC na escola não implica focar exclusivamente uso de equipamentos e ferramentas, mas nos processos de aprendizagem, planejamentoe mudança em a práticas e a instituições OU TIC não ter potencial transformadorem sim eles mesmos. OU adequação de a contextos, a possibilidade a partir de responder de precisa de ea senso que Conseguir compra em porta de entrada de Projetos Individual e coletivo eles estão Nenhuma partir de as chaves de integração efetiva.

8

leste material ter doença desenvolvido em a quadro, quadro a *Componente ROM Treinamento e gestãode projetos de uso crítico das TIC nas escolas PROMSE,* através do propõe formar, formar e coordenar as equipas técnicas provinciais, institucional, supervisores, gerentes professores e tropas auxiliares que Favor a integrar-tigon pedagógico a partir de a Recursos audiovisual e Cientistas da computação de propagação em a escolas meia calça pertencente de É linha a partir de financiamento. No interior a partir de deles Objetivos pedagógicoPor quê diretor eu sei reunir: presente uma estrutura conceptual de a compreensão a partir de acomplexidade e Recursos a partir de a cultura meios de comunicação e tu relação com a romances; pose estratégias a partir de personagem Inovativa de sair a partir de a incorporação a partir de a tecnologias a partir de a no interior-formação e comunicação nas práticas diárias; definir e ter uma estruturaconceptual que leste a Vejo e a seleção a usar e a intervenção pedagógico a partir de a TIC em a Sala de aula e em a instituição, O que conteúdo disciplina e O que ferramenta a partir de com- Teve Cruz, aceitando O que mais diversidade a partir de Produção e atribuições a partir de Aqueles Recursos; Favor instâncias a partir de elaboração a partir de propostas que lidar com de a promoção de um cultura colaborativo, com incorporação a partir de a TIC; usar e promover a trabalho a partir de

diferente Recursos multimídia de para acompanhar e definições novo canais a partir de comunidadecação e produção no desenvolvimento de propostas que dêem conta da construçãoa partir de conhecimento vinculado de a práticas crianças em idade escolar; incorporar a tecnologia de a Salas de aula O querecurso didático, acompanhado de processos de apropriação reflexiva que permitem refletir às novas demandas.

Nesta proposta de trabalho, a formação de equipes de referência em TIC no escolas Reproduzir uma Ocupação central. Aqueles equipamento vai ser integrado em casais técnico de pedalque atuarão como facilitadores do trabalho em sala de aula com as tecnologias de informação e comunicação, e que passará por cada instituição. Seus papéis serão vinculado de a Treinamento a partir de a professores, a gorjeta e assistência em Esboço, projeto, a implementação e avaliação de projetos de TIC em instituições e coordenaçãonação de gestão entre escolas e outras instituições. É a estas equipas de referência TIC a quem este material é endereçado. O objetivo é fornecer uma estrutura comum conceptual e reflexão para o trabalho com professores.

9

Nesse sentido, sabemos que os desafios para cada grupo de trabalho são diferentes. porque seus pontos de partida, possibilidades e expectativas são. uma proposta de sala de aula existente que quer expandir, um objetivo institucional que quer remodelar Iniciar ou um novo projeto que você deseja empreender são espaços férteis para o desenvolvimento das propostas apresentadas neste material. A integração pedagógica das tecnologias. de informação e comunicação é, como já foi dito, uma oportunidade de acesso ao conhecimento, formação cidadã e expressão cultural. Mas também é um oportunidade de refletir sobre a vida cotidiana, desejos e sentimentos sobre o mundo que são construídos a partir da escola pública em nosso país.

Em a rota a partir de Está Páginas eu sei pose Nenhum exitos de pensar a mudanças e a Lu- gar a partir de a tecnologia, chaves de integrar a TIC em a escola Superior e oportunidades que providenciar Nenhum Ferramentas digital de acumular e propiciar ambientes a partir de Aprendendo quer dizer- gravata. Visualmente, presentes uma estrutura tubular ou em blocos Ao lado a corpo central a texto Aparecer uma coluna com comentários (C), bibliografia extensão recomendado (B), Links de Páginas A rede (C) e perguntas de orientar a reflexão (R).

Este material é apenas o ponto de partida de um trabalho rico e dinâmico, que com a participação de professores e alunos, ganhará vida própria nas salas de aula.

Introdução

"Uma nova forma de sociedade está surgindo diante de nossos olhos. E isso assim-sociedade não É algo Estrangeiro para nós É aqui, em nosso ele vive pessoal, emnosso emoções, em a ansiedades que nós enfrentamos todos a dias".
antônio giddens

ter Algum material em a eu posso garantir que existe uma acordado estendido. OU transformação a mundo Atual, a certo a mudança e a sensação a partir de incerteza com eu respeito ao futuro eles estão Nenhum a partir de elas. OU sociólogo Sigmund Baumann pontos que a Rapidez-Papai a partir de a transformações, a perguntas de a verdades estruturando em a que auns aos outros , os processos de destradicionalização e inovação constante, as grandes mudanças Legenda em a instituições moderno tradicional (trabalho, família, Casal, sexo sexual, Igreja,democracia, estado, sociedade civil, partidos políticos, etc.) e o culto da individualidade sãoFaz cambalear a certezas que sustentado a razões a partir de nosso *tempo de vida diário* [3] , minar-Faz tu estabilidade e chocante em a caminho a partir de viver e a partir de pensar a futuro.

[3] Este conceito tem sido largamente tratado em a sociologia contemporânea: "Ao falar a partir de a vida cotidiana nós juiz-
Chegamos a esta *realidade última,* à vida de todo o homem, ao tecido evidente e normal da compreensão do mundo e da

Deve-se notar que essas mudanças vêm ocorrendo desde o século passado, especialmente a partir do segundo semestre. Como o historiador Eric Hobsbawm (1999: 18) em tu livro *História a Século XX,* "Que período de tempo foi a a partir de mais alto transcendência históriaAQUI a partir de a século, Por que em a eu sei registro uma Série a partir de mudanças profundo e irreversívelpara a vida humana em todo o planeta. Começando com o fim da Segunda Guerra Mundial Mundo, vamos lembrar a consolidação e a caindo aos pedaços a *mundo bipolar* (com-ninho *em contra* capitalismo); a ciclos a partir de aumentar econômico e depressão; "O mortedo campesinato" [4] ; a consequente urbanização e revolução no transporte público; o surgimento de profissões que exigiam estudos secundários, terciários e universitários rios; o crescimento e ascensão do ensino

11

superior, a nova consciência feminina e a inclusão a partir de a mulheres em a escola Superior e em a Mercado a trabalho [5] ; a variação-Ei em a Definições membros da família; a surto a partir de uma cultura especificamente Juventude; adesenvolvimento do mercado de consumo de massa, moda, indústria da música, visualizar, a tecnologias eletrônicos, etc É dizer, a Ocupação a Doença, a Mercado e a partir de adiferente instituições Social foi Mudando, e a partir de tu mão, a diretrizes a partir de organização, a hierarquia a partir de valores, a Modelos a partir de referência, a desejos e a Expectativas tanto a partir dea indivíduos e comunidades em suas definir. [6]

Ainda encontrando linhas de continuidade para características do mundo de hoje em um Passado o tempo histórico, poderíamos falar de um novo tipo de modernidade. Para Bauman (2002), a era atual pode ser definida como uma "modernidade líquida", na qual que o poder e o dinheiro fluem, se movem, drenam e precisam de um mundo livre a partir de algemas, barreiras, fronteiras fortificado e controle S. Em oposição de você está lá fora, Está que a Autora chamada "modernidade sólida", hoje extinta, foi construída sobre a ilusão de que mudança traria uma solução permanente, estável e definitiva para os problemas. OU mudança foi entendida como a passagem de um estado imperfeito para um estado perfeito, e o processo de modernização foi realizada uma vez e não mudar mais. modernidade líquida ter De outros concepção: a mudança e a inovação eu sei corre permanentemente. Baumann exemplifica a diferença entre os dois cenários comparando dois personagens representados tentou cada desses momentos sócio-histórico e cultural:

"É compreensível que Rockefeller quisesse que suas fábricas, ferrovias, ferrovias e poços de petróleo eram grandes e robustos, possuindo-os porBastante, Bastante clima (de todos a eternidade, sim Nós medimos a clima de acordo coma duração a partir de a tempo de vida humano ou a partir de a família). Sem embargo, Conta portas Eu sei-rã sem dor a partir de posses que Ontem Está estavam orgulhosos: Hoje dia Está que desde o Benefícios É
OU desenfreado Rapidez a partir de circulação, reciclando, envelhecimento, descartar esubstituição -não a durabilidade nem a durável confiabilidade a produtos-".

Ambos os casos ilustram em histórias pessoais os processos macrossociais e suas respectivas visões de mundo criativas. Mas é preciso entender – como Hobsbawm (1999: 13)- que a reflexão em leste mundo complexo ter O que mais

12

de todos e cada 1 de nós dos adultos uma dimensão autobiográfica inevitável:

"Falamos como homens e mulheres de um tempo e lugar específicos, que participou de sua história de várias maneiras. e também conversamos também, como *atores que participaram de seus dramas - embora insignificantesque É doença nosso papel-* , que observadores a partir de nosso foi e queindivíduos cujas opiniões do século foram formadas por aqueles que consideramos eventos cruciais dela. nós fazemos parte disso

O que queremos dizer é que, sendo contemporâneos dos eventos sociais, político, cultural, econômico e educacional que tentamos entender, falará em nosso interpretações, a história pessoal e a marcas que a situações nós Eles têmdeixado como experiência. Nas formas de refletir e conhecer o mundo, será sentir nosso subjetividade, que mais que uma *fonte a partir de erro* É doença a partir de possibilidadede conhecimento. A objetividade sempre reivindicada é impossível. e o ponto de vista inevitável. Portanto, é necessário ter alguma vigilância a esse respeito. acho que o mundo, repensar o lugar da escola no novo contexto socioeconômico global e Lugar, colocar que significa diálogo com outras Sentidos em a mundo. Novo Sentidos que eles vão entrarem jogo em muitos interações com jovens em escola e fora É por aí?

Reconhecer nosso posicionamento não que constitui uma relativismo ético individualista. É importar-Bastante entendi que a relação sujeito objeto eu sei desde o em a contextos a partir de prática e em a dimensão ativo a conhecimento. Não eu sei tratar, sem embargo, a partir de socializar a senso Comum. Nós vamos leste "Seuum mecanismo enganoso que ofusca o conhecimento; instala o sujeito em um suposto objetivoa vida e tu impede avisar faixas a partir de mudança ou a partir de anomalia em a interpretação a partir de Está real". ÉO que "Sim a partir de a sinais a por aí, só reter O que que chegar a um acordo com nosso conhecimento, confirmar nossas convicções, justificar nossas (in)ações e coincidircom nosso imaginário" [7] . Em Está, de superar a *obstáculo epistemológico* [8] que a sensoComum curso, tentaremos promover a partir de leste material uma Leitura intencional e revisão,integrar inteligência e intuição, razões e suspeitas para construir o caminho daconhecimento por meio da problematização. Além de pensar e avançar nos entendimentos precisos, embora provisórios e perfectíveis, e sugerem uma estrutura para refletir a ração revisão a partir de a tecnologias a partir de a Treinamento e a Comunicação em a ensino.

Embarquemos neste caminho, aproximando-nos do mundo contemporâneo através de uma seleção de cinco situações ou eventos atuais significativos. Ele trabalhaOK a partir de faixas ou pegadas a partir de algo mais excelente. Eles estão, de a Hora, cinco "exitos" que contorno umaVejo e Inventar uma quadro, quadro a partir de situação, uma local de construção, uma *colagem* em a eu sei eles podem olhar diferente dívidas e texturas, densidades e dimensões a Presente em a vivemos. Força de vontade

Concentre-se em certos momentos, vamos parar o tempo por um momento, para vislumbrar neles o movimento permanente e a multiplicidade a partir de deles Localizações. Vamos tentar, de sair a partir de Aquelesexitos para iniciar de reconhecer Nenhum a partir de a Recursos a mundo a Nós formamos papel.

Primeiro acerto: "O importante é o chip, Mabuchi"

leste É a slogan a partir de uma de Anúncios a partir de Os telefones celulares a partir de 2004. OU cena amostra deuma cara a partir de perto de cinco anos Falando em a cozinha com tu mãe. Tempo-depois que ela anda de um lado para o outro, o menino fala rápido e com firmeza, tentando convencê-la: "OU lasca É Está importante (a partir de tu Telefone Telefone celular). OU lasca eu sei permanece com todosa Treinamento...". DE a medida que tu conversas acontece, a Câmera começa de trair aopequeno, até que finalmente mostra a imagem do celular submerso em um aquário. A ficha estava na mão do menino, ele havia sido salvo de uma travessura. "Você sabe como dizer para o futuro? O chip, Mabuchi", conclui o protagonista.

Nesse sentido, é possível reconhecer algumas características do mundo contemporâneo: o desenvolvimento pronto tecnológica em base ao acusação digital a partir de a Treinamento; a oferta crescendoa partir de produtos e Serviços a partir de telecomunicações [9] ; a diferenças geracional em porta de entradaà apropriação das novas tecnologias, e até a sensação de que crianças, jovense os adultos falam línguas diferentes. A diferença de gerações entre pais e filhos, professores e alunos, avós e netos, geralmente se evidencia no uso da linguagem, valores culturais e percepções do mundo marcadamente diferentes.

É necessário enfatizar que as lacunas geracionais não são exclusivas desta época. De fato, pode-se dizer que as grandes transformações do século XX marcaram

14

importante diferenças geracional OU pessoas nós nascemos Antes de a partir de 1925 Eles tinham um poucoa ver com aqueles que vieram ao mundo depois de 1950. Jovens como os de hoje nós sabemos É uma *invenção* a partir de a período pós-guerra. É que de sair a partir de a segundo um meio a séculoXX a existência de meninos, meninas e jovens como sujeitos de direitos foi reivindicada e, especialmente, em a caso a partir de a homem jovem, O que romances a partir de consumo. É O que mais empós-guerra, quando surgiu uma poderosa indústria cultural que definiu os jovens que destinatários a partir de tu oferta. OU aumentar a partir de a indústria musical foi a mais Mostrar-mercado, embora não o único, e pela primeira vez ofereceu produtos *exclusivos* para jovens, queganhou maior autonomia de decisão e protagonismo histórico. juventude eraBastante mais que uma grupo anos que eu sei diferenciado a partir de deles maior De acordo com Hobsbawm (1999:331), a cultura Juventude eu sei convertido em a campus a partir de a revolução cultural a século XX, visível em a comportamentos e Alfândega -mas em tudo em a modo a partir de providenciar a lazer-, queeu passo de configuração cada Hora mais a meio Ambiente que eles respiraram a Masculino e mulheres urbano.

Então a diferenças geracional já eles eram notório, assim O que a percepção a partir de que asociedade Eu fui experimentando uma novo hora cultural, em a que passado e Presenteeles foram reconfigurados a partir de um futuro incerto. Na década de 1970, o antropólogo Margaret Mead disse que os jovens atores são os mais bem preparados para assumir o papel. irreversibilidade a partir de a mudanças operado em a globalização, a aumentar iconologia co e a internacionalização da sociedade:

"Nosso Eu pensei nós conectar ainda ao passado, ao mundo tal O que existia ema foi a partir de nosso infância e Juventude, nós nascemos e funcionários Antes de a partir de a revoluçãoeletrônicos, a maioria não de nósvocê vai verEstá que É significa, médio. OU homem jovema partir de a novo Geração, em mudança, eu sei assemelhar-se de a membros a partir de a PrimeiroGeração nós nascemos em uma pais novo. eu devo aprender junto com a homem jovem amofo a partir de dar a Próximo Degraus. Mas de Continuar R) Sim, eu devo mudança afuturo. Na opinião dos ocidentais, o futuro está diante de nós. em julgamento a partir de Vários cidades a partir de Oceânia, a futuro reside atras do, não avançar. Para acumularuma cultura em a a passado estar Útil e não coercitivo, eu devo localizar a futurovenha até nóso que algo que É aqui inteligente de que Está Vamos ajudar e vamos protegerAntes de a partir de que nós nascemos, Por que a partir de Está contrário, estar O que mais tarde". [10]

OU Autor distingue esquematicamente Três tipos a partir de cultura de acordo com a formas que tirando a trans-missão cultural, e que eles podem sirva-nos de pensar a Presente. OU cultura *pós-figurativo* Éque em que a crianças Eles aprendem a partir de deles maior OU Presente e a futuro é assim ancoradono passado. São culturas tradicionais . A *cofigurativa* é aquela em que ambas as criançasO que Adultos Eles aprendem a partir de deles pares OU futuro É ancorado em a Presente. Eles estão a culturas a partir dea modernidade avançado. OU *prefigurativo* É que cultura em a que a Adultos Eles aprendem a partir decrianças; para Mead é um momento histórico inédito "no qual os jovenscompra e mostrar uma novo autoridade através de tu capturar prefigurativo a futuro Nações Unidas- A esse respeito, a antropóloga Rossana Reconstruct (2000) comenta que o valor daA proposta de Mead é poder situá-lo em nosso tempo, em sociedades como a América Latina.cabelo branco Onde eles podem apresentá-lo simultaneamente formas *publicar* , *com* e *prefigurativo* _ É dizer, em a coexiste diferente modos a partir de A ser relatado com a futuro e a passado.

Hoje, e principalmente com o avanço das TIC, a escola deixou de ser ocanal privilegiado pelo qual as novas gerações entram em contato com a Treinamento ou eu sei inserir em a mundo. OU crianças e homem jovem ter conhecimento e Nações Unidas- tranças que eles aprenderam sem intervenção a partir de a Adultos Em tu papel, a tempo de vida a partir de a mais altoparte dos adultos de hoje vive em um ambiente social e tecnológico totalmente diferente. Nesse ambiente, as instituições "família" e "escola" mantiveram uma singularidade a partir de Conversas, a autoridade eu sei construído verticalmente e a práticas a partir de com-sumo por ai a partir de a tecnologias a partir de a Comunicação eu sei Ele deu em uma contexto a partir de Fortemediação adulta. Ao longo das décadas, então, são os mesmos cenários. relações de poder entre gerações o que muda: decisões sobre os diferentes aspectos da vida não são ensinados e obedecidos da mesma forma, o conhecimento não é compra nem ninho a partir de a mesmo caminho. Em leste senso, a sociólogo Emily Barraca grandeFanfan (2000) afirma que as mudanças no equilíbrio de poder entre meninos e meninas jovens e adultos constituem um dos fatores que colocam a velha dis-positivo que

organizado a tempo de vida a partir de a instituições Crianças da escola. Onze É que a escola Superior eu tinhavoz legítima e exclusiva tanto na definição de qual conhecimento era valioso para a sociedade sobre quem eram aqueles que, possuindo-os, poderiam transmiti-los.

16

Fica claro, então, que quando perguntamos sobre as relações entre os membros de diferentes gerações já não nos referimos apenas às interações de pessoas de diferentes várias idades A ideia de *geração* não pode ser pensada como uma categoria exclusiva. bastante biológico, também deve ser considerado cultural:

"Está que distância de uma Neto a partir de não é seu avô Eles estão 70 anos cronológico por outro lado Sete décadas a partir de transformações cultural, Social, políticas e econômicocaso Está que distância geracionalmente de uma aluna a partir de tu Professor não Eles estão os aniversários que foram comemorados, mas as diferentes visões de mundo do mundo que construíram ao longo de sua experiência. as marcas gerações não se alojam ou emergem, assim, em cabelos com ou sem cabelo branco por outro lado em a formas a partir de conceber a passado, a partir de Tráfego a Presente, a partir deimaginar o futuro, desejar, sonhar, relacionar-se com os outros eapresentar-se aos outros. Em suma, nos processos de constituição a partir de a identidade ter e a coletivo a partir de pertencente que incorporar marcasa partir de temporada". [12]

em todas as instâncias que vão da ordenha à nossa geladeira há pesquisa e produção de conhecimento aplicado à indústria. Mas a existência desta informação lata em *saco,* garrafa ou caixa também fala de uma população consumidora que considera positivo o envolvimento da ciência na maioria das áreasa tempo de vida. Apesar de de quem Compras Está Leite pode ser não alcançar de entendi a partir de que eu sei tratar, valorizam a existência desta informação, a transparência da comunicação poura empresa.

DE sair a partir de a anos cinquenta, Forma de pagamento força a *revolução técnico-científico* e eu sei de acordo com- o sistema de produção ciência-tecnologia, ligando estreitamente os avanços nacada um dos campos. Produção científica e tecnológica intensiva em laboratórios O direito societário é uma das características da sociedade de nosso tempo. Como explica o sociólogo Manuel Castells (1995), a informação tornou-se Entrada e fator diretor em a reestruturação a partir de a Demanda judicial produtivo. eu sei doces a partir de uma novo lógica a partir de aumentar e acumulação a capital. De acordo com leste Autor, "O gerar-estanho, o processamento e transmissão de informações tornam-se os principaisfontes produtividade e potência.

Em a Produção a partir de bens e Serviços, a sistemas que processar Treinamento

17

e a carro-matiz a partir de Correto Tarefas que Antes de eu sei realizado em mofo Manual Eles estão protagonistasNesse contexto, o conhecimento torna-se um insumo fundamental para a *competitividade*. Assim, a partir do sistema produtivo, a noção de *saber competitivo,* que ter Correto Recursos associado ao mundo trabalho. eu sei doces a partir de conhecimento geralmente desenvolvido nas empresas, focado em problemas ou Projetos e não em assuntos, vinculado de precisa de a partir de inscrição e inovação. lado de dentro-beneficia profissionais de diversas áreas; está sujeito a controles de qualidade diversificados (normas e padrões internacionais, relevância social, eficiência econômica, aceitação informações do consumidor, etc.) e utiliza redes de informação para sua produção, circulação e troca. É assim que, então, uma parte importante das tarefas é ligar com a Geração a partir de Treinamento e a partir de conhecimento, com a reprodução, para adaptar-Estação, divulgação e venda de mensagens, ideias, sistemas, imagens e símbolos

Em leste contexto, a escolas e universidades sair a partir de estar a exclusivo centros a partir de Progressocientistas e os únicos que controlam a distribuição do conhecimento social. seu capital de cone a fundação compete com o capital de conhecimento gerado de forma autônoma pelo sistemaindustrial, financeiro, empresarial e militar, que desenvolveram suas próprias centros pesquisar e divulgar.

Assim, um novo mapa de ofícios e profissões promovido pela nova formas a partir de para produzir, comunicar e gerir a conhecimento, vinculado tanto de a alfabetizar-folha de flandres para o mundo do trabalho, bem como a necessidade de conciliação com os novos modelos o negócio. Tudo isso é então traduzido em demandas muito precisas sobre o sistema. Educacional em todos deles níveis eu sei pedidos para Modificar diretrizes e conteúdo em ocupação a partir de a Treinamento de a trabalho, e aumentar a níveis a partir de qualidade. Nenhum Tendênciasde mudança impactam a maneira como o processo educacional é concebido e organizado, marcando a orientação de perfis institucionais e egressos. entre esses dez dunas, a incorporação de tecnologias de informação e comunicação ocupa umlugar central por algumas décadas, promovendo fortes debates em torno de sua modo e Objetivos a partir de inserção. OU discussões perto de a partir de a precisar a partir de incorporarTIC como disciplina autónoma ou como conteúdo transversal, a ênfase aspectos mais instrumentais ou mais críticos em termos de formação do aluno, Objetivos alinhado com a

Treinamento de a trabalho ou a Treinamento cidadão, a visões

mais centrado em a usar a partir de Está Informática ou O que que Faz mais alto ênfase em Está mula-meio de tempo Eles estão respostas de a relação escola Conhecimento, de acordo com a diferente demandas,que têm forte impacto nas propostas didáticas. existe atualmente umum certo consenso sobre a necessidade de as escolas treinarem no pensamento das TIC desenvolvimento de habilidades e promoção da aprendizagem contínua com inclusões que contribuir para a integração das modalidades.

No entanto, além da descentralização dos lugares que produzem o que é considerada ciência aplicada, é importante sempre lembrar que as pessoas de trabalho, pertencentes a diversas áreas do conhecimento, foram capacitados e continuam comando no sistema educacional.

Desta forma, no trabalho diário com as TIC na escola, é necessário sari passar a partir de a noção a partir de "sociedade a partir de a Treinamento" Estabelecidos em a tecnologias a partir de informação e intercâmbio em escala global, a uma noção de "sociedade do conhecimento" fundamento" que, diferentemente da representação globalizante induzida pela primeira,como aponta Armand Mattel art (2006), destaca a diversidade de modos de apropriação cultural, políticos e barato a partir de a Treinamento e a partir de a conhecimento

inteligências conectado
Tradicionalmente, a Imagem público a partir de a Ciência e a tecnologia ele era dominado emas realizações de intelectuais individuais. Hoje, pelo contrário, alguns dos empregos cientistas mais chocante eles estão a resultado a partir de a colaboração a partir de grupos [*] OUele segue seqüência retomar leste mudança.

• Durante séculos, os pais da ciência moderna estiveram ligados por meio de professores visitantes. irmãos, É dizer, formado papel a partir de uma comunidade a partir de pesquisadores de quem intercâmbio de ideias representavam a base dos avanços científicos. Embora os cientistas tenham baseado suas eles trabalham em outros e se comunicam uns com os outros, finalmente publicando sozinhos. muitos grandes- des Ideias Eles eram atribuído de Nenhum Algum pensadores influente O que Galileu,Newton,Darwin e Einstein. Consequentemente,

19

o modo tradicional de fazer ciência na modernidade Papai (até a Segundo Guerra Mundo) eu sei descrever O que uma serina a partir de nós isolado.

• Em a segundo um meio a século XX, a Ciência eu sei voltou, mais e mais, uma trabalho grupo. UMAUm bom exemplo disso são os famosos biólogos Francis Crick e James Watson, que descobriu a estrutura do DNA. Certamente não foram os únicos. Elas eles mesmos eles fizeram casais com outras cientistas Ajustamento redes a partir de conhecimento. OU publicações conjuntas documentaram essas colaborações dando origem a escolasinvisível, substituindo a conexões escondido com co-autores Publicados.

• Atualmente, embora as colaborações raramente dominem a forma de fazer ciência tão numerosos quanto o consórcio internacional do Projeto Genoma Humano [**], a maioria dos campos de pesquisa exige esse tipo de colaboração. A partir de Na verdade, o tamanho das equipes que fazem trabalho colaborativo está crescendo, derramando a exercício científico em uma Internet densamente interligados.

Networking, cooperação e comunicação não se limitam à atividade. mas são características da vida social e da construção das sociedades. cidades. Além disso, a interconexão de pessoas e organizações por meio de redes Ciência da Computação ofertas uma novo chance: a a partir de multiplicar, O que diz Torre a partir de Kerckhove (1999), a "inteligências conectado" em ocupação a partir de Objetivos Comum. O maior potencial transformador dessas tecnologias está na possibilidade desuporte para redes e espaços que permitem a comunicação, a criação de espaços para a colaboração e a construção a partir de conhecimento e a Interação Entre pessoas.

[*] barrabás, Alberto Laszlo (2005): "Rede teoria - a emergência a a criativo o negócio", *Científico Americano,* volume 308.
[**] O Projeto Genoma Humano (HGP) consiste em mapear todos os nucleotídeos (ou pares a partir de base) e identificar a 30.000 de 35.000 genes presentes em ele. OU excelente Montante a partir de Treinamento que gerado e gera o PGH exigiu o desenvolvimento de bancos de dados eletrônicos para poder armazenar e gerenciarjarra a partir de mofo mais fácil e Rápido todos É Treinamento. *OU BGF masculino genoma Base de dados:* http://www.gdb.org/

Em papel a partir de cada sociedade. Jesus Martinho barbeiro (2002), ao mesmo que arte fosca, especiaria-lista sobre temas de destaque de comunicação e cultura:

"Nosso sociedades Eles estão, ao mesmo clima, sociedades a desconhecidotio, Está É a não reconhecimento a partir de a pluralidade a partir de conhecimento e Habilidadesque, sendo compartilhado por maiorias ou minorias populares,você ri povo nativo ou regional, não é assim estar Incorporado O que tal nemde a mapas a partir de a sociedade nem até de a sistemas educacional. Masa subordinação do saber oral e visual vive atualmente um erosão crescente e imprevista que se origina nos novos modos de produção. produção de conhecimento e novas escritas que emergem através das novastecnicismos, e especialmente computadores e Internet".

Terceiro Derrame: argentinos em a no estrangeiro
"Experiências a partir de argentinos em a no estrangeiro e a dilema a partir de retorna ou não ao pais" É a qualificação a partir deuma Artigo Publicados em *Clarion* a 7 a partir de agosto a partir de 2006, que doces não em uma curiosidadea hora, por outro lado em uma tema recorrente a partir de Faz Nenhum anos em a diariamente maisimportante a pais. Em em geral, a Notas dizer em que eu sei Eles eram, me perdoe eles vivem, qual deles É tu relação com a pais que a receber, em que eles trabalham, etc UMA variante a partir de leste escreve a partir de Notas Seu, em exemplo, que Faz a cientistas argentinos em outras os países. É Comum, O que mais, reunir- trazer em a histórias que a tecnologias a partir de a Comunicação, especialmente Internet -com delespossibilidades a partir de bater papo e Videoconferência-, constituir uma recurso importante de guarda Contato diário com familiares e amigos. Soma-se a essas histórias a criação de sites que OU exílio a partir de gardel.org, sem-teto, imigrantes argentinos: a comunidade a partir deargentinos em a mundo, etc, que oferta uma espaço de Participação a experiências em a o velho- Estrangeiro, assim O que a recordações a partir de a Argentina nativo. Em leste senso, a novo tecnologias Eles contribuem substancialmente de a Comunicação e ao Contato.

A partir de que conversas leste Derrame? conversas a partir de a globalização econômico, a partir de a migrações e das diferentes razões e formas de deslocamento populacional no mundo (por seleção de profissionais em empresas multinacionais, em busca das melhores condições de vida, guerras, razões políticas, etc.). Lembre-se também do desigualdades entre países –e dentro deles– [13] , bem como as vicissitudes para construirmar uma novo tempo de vida

21

em uma Lugar, colocar diferente ao a partir de origem, a conflitos Social, cultural e convivência que ela gera. Este parece ser um momento, como Martín Bar-barão (2002), "em que homens de tradições culturais muito diversas *emigram no clima,* imigrantes que eles chegaram de uma novo foi a partir de temporalidades bastante diverso, mastodos compartilhando as mesmas *lendas* e sem modelos para o futuro. longe da instalaçãouma cultura única ou homogênea, a intensificação dos fluxos culturais transnacionaiselas parece flutuar Em um mundo de caráter cada vez mais mestiços".

TIC, graças à velocidade de processamento e transmissão e sua conexão com redes em todo o mundo, mudaram as concepções de espaço e tempo. se fala do *espaço de fluxos* que comprime o tempo até se tornar um presente contínuo e comprime o espaço até que as distâncias terrestres desapareçam. além de ajudar manter o vínculo entre família e amigos, a rede digital interativa conecta lugares distâncias com suas características socioculturais distintas e reúne diversas modos a partir de Comunicação. OU permeabilidade cada Hora mais alto a partir de a fronteiras Treinamento- nalos Permite a emergência a partir de novo comunidades a partir de interesses e valores que evitara variável geográfica. Este fenômeno se expande entre os jovens, onde a música ou a jogos em Internet eu sei transformar em núcleos a partir de comunhão. OU usar a partir de a TIC reforça sentindo-me- tosse a partir de pertencimento, de através de a partir de a Páginas A rede, a correspondência eletrônico ou a canais a partir de bater papo; É uma caminho a partir de prolongar laços Social e cultural fora de a vizinhança, a Cidade ou a pais.

É importante ter em mente, como aponta Martín Barber (2002), que os procedimentos globalização econômica e informacional estão revivendo o tema da identidades cultural-étnicas, raciais, locais, regionais, a ponto de transformá-las em dimensão de liderança de muitos dos mais ferozes conflitos internacionais no Mais recente anos, ao clima que O que mesmo identidades, mais a a partir de sexo e anos, Seu-reconfigurar a força e o significado dos laços sociais e as possibilidades de coexistência em Está nacional e Está Lugar, colocar. Martinho barbeiro adicionar que Está que a revolução

que a tecnologia deste final de século introduz em nossas sociedades não é tanto uma quantidade qualidade incomum das novas máquinas, mas uma nova forma de relacionar os processos símbolos que constituem a cultura.

22

O sociólogo Dominique Dolton (1999, 2006) destaca que o entendimento entre culturas, sistemas simbólicos e políticos, religiões e tradições filosóficas você não pode simplesmente acelerar a troca de mensagens. informar, expressar ou transmitir não é mais suficiente para criar uma comunicação. Para o autor, a "vitória do Comunicação" chega acompanhado a partir de uma mudança em tu doença. É algo menos uma processar,com começo e fim, à maneira de uma mensagem que vai de um remetente a alguém querecebe-, que um *desafio de mediação, um espaço de convivência, um dispositivo quepontos de amortizar a Encontro: Data com de várias lógico que coexiste em a sociedade Aberto.*

Em leste contexto a Ocupação que mostrar a propostas a partir de ensino em porta de entrada de a TIC resultado fundamental. Em uma papel, Por que ter a possibilidade a partir de continuar, continuar em expansão a Limitesa Sala de aula a partir de a Sala de aula. Em De outros, Por que em uma mundo que lugares em Contato de pessoas a partir dediferentes lugares, aprendendo a se comunicar sensivelmente com os outros (expressando-se, ouvir, discutir, entender, trocar, chegar a acordos, cooperar, resolver conflitos conflitos com compreensão mútuo, Eu respeito e solidariedade) É crucial de a Treinamento princípio moral e a democracia dos cidadãos do século XXI.

Trimestre Derrame: OU planeta em perigo
"OU planeta em perigo" É a qualificação a partir de uma Artigo jornalístico que amostra uma caso a partir de
dificuldade geral : poluição, aquecimento a partir de a terra e mudança clima.

DE termina a partir de a anos setenta, a deterioração a partir de a termos de Meio Ambiente em Nenhum pontosa planeta Ele deu Lugar, colocar ao Começar a partir de uma ampla debate em a estradas que a humanidade houve levado em posição a aumentar socio-econômico, e até de a mobilização a partir de a os cidadãospara esses tópicos. Assim, o problema ambiental foi pensado como uma questão endereçável.em termos a partir de assuntos, extensão a conhecimento científico e instrumentação a partir demecanismos barato e financeiro. Em exemplo, eu sei Eu pensei que a poluição eu sei resolvido _ através de a criação a partir de sistemas a partir de descontaminação projetado a partir de a Ciência,a criação a partir de dinheiro de facilitar a investimentos requeridos e a tirando a partir de Medidas O que a multas de Lugar, colocar Freio de a Comportamento poluente. leste foco inclinado e fragmentocunhado falha. Hoje dia eu sei você verá que eu sei doces a partir de uma

23

dificuldade a conhecimento, que exigem a reconceitualização a partir de a relações Entre sociedade e natureza:

"A crise ambiental, entendida como crise civilizatória, não conseguiu compreender bancada uma solução em a através da a partir de a racionalidade teórico e instrumental que construir e destruir o mundo. Entendendo a complexidade ambientalAplicar um processo de reconstrução e reconstrução de pensamento." [14]

É assim que o problema ambiental e outros, como clonagem, modificação genética, AQUI a partir de animais e pisos, a instrumentação produtivo a partir de O que Progresso de excelente régua,

foram definidos como *problemas científicos de um novo tipo* [15] . Nesta linha podemos reconhecer papel a partir de tu complexidade: a "custos a Progresso", a força a Mercado,convivência entre os povos, a soberania nacional, o papel dos Estados, a diplomacia, dinheiro, participação cidadã nos assuntos públicos, movimentos social, democracia, respeito, futuro.

Em De outros lado, a dano causado em Nenhum produtos cientistas e a usar a partir de a Ciênciacom propósitos políticos, ideológicos e militares contrários aos desígnios humanistas que sempre lhe foram atribuídas têm suscitado a preocupação dos cidadãos a relevância ética dessas atividades humanas e seus resultados. o tratamento de problemas a partir de novo escreve trazer com ele perguntas teórico perto de a partir de a Limites a partir dea Ciência ocidental, tu alegado objetividade e tu apresentação ao margem a partir de a valores.Em outras palavras, essa concepção do conhecimento científico como mofo abordagem legítima e válida da realidade.

Aqueles problemas de em evidência a precisar a partir de acumular uma novo escreve a partir de reunir-Eu minto, a partir de exercício científico e a partir de participação cidadão em Aqueles Romances. eu sei necessário *diálogo entre disciplinas,* entre diferentes culturas e seus respectivos saberes, entre a Ciência e a conhecimento laico a partir de a tempo de vida todos os dias. OU delimitação a partir de a conhecimento em adiferente Campos a partir de a Ciência constituído em deles Primeiro estágios uma processar requeridos eÚtil de reunir a realidade. OU *Especialização* existem eles trouxeram excelente Benefícios, sem para

24

abordar-ir, iniciado de tornar-se, faz pouco, em algo que fica no caminho em a medida crescendo acompreensão dos problemas. Segundo Edgar Morin (1999), há uma insuficiência em cada mais amplo, mais profundo e mais sério entre nossos conhecimentos desunidos, divididos, compartilhados e a cada vez mais multidisciplinar, transversal, multidimensional, transnacional, global, planetário. De acordo com a Autor, eu sei necessidades de uma "remodelação a Eu pensei" que permitir Link, contextualizar, globalizar e, ao mesmo clima, reconhecer o singular, o individual, o concreto. Da mesma forma, o conhecimento científico hegemônico, considerado a exclusivo posso a partir de nos apresente em a conhecimento real, É Mudandoa partir de Lugar, colocar ao estar a *masculino Comum* a que reivindicar (é tu espaço em a discussão em a pertencer- INC. a conhecimento científico e deles formulários em a tempo de vida Social.

Em leste etapa a escola Superior ocupa uma Ocupação central em a Treinamento a partir de os cidadãos, É dizer, a partir de pessoas posso a partir de pensar a *complexidade* a partir de a situações, a partir de dirija-se a eles de sair a partir de dialogotipos que respeitem as diferenças, tentem soluções válidas para a maioria, coloquemem Reproduzir a inteligência, a intuição, a criatividade, a solidariedade e a Princípio moral, e a partir de mostrar

A responsabilidade que isso implica. *O papel da escola é, portanto, fundamental. tal e insubstituível em a promoção a partir de formas a partir de pensar, a partir de comunicar e a partir de ato quepermitir os jovens estão chegando desafios de seu tempo.*

Quinto Derrame: *Viver 8*, organizado em *marca capacitar você história*
DE pesar a aumentar econômico em Vários regiões a mundo, não eu sei existem finalizado com a dificuldade a partir de a pobreza. nós fizemos mencionar em uma Derrame anterior de que a mundo balão-lisado amostra que a desigualdade Entre a os países rico e a pobre É cada Hora mais alto, assimO que a Intervalo = Ir em a no interior a partir de cada 1 a partir de elas. *Viver 8* foi uma evento de régua mundo, organizado em *Fazer pobreza história* (Fazer história a pobreza), a dois a partir de mês de julho a partir de 2005, em aque eu sei jogado concertos a partir de Rocha em diferente cidades a mundo a mesmo dia, mobilidadeelevação Milhares a partir de pessoas e sincronizando a transmissão em vivo e direto de tudo a planeta. leste Derrame nós conversas a partir de a globalização, De outros Hora, e lugares a

25

partir de manifesto a Observação a partir deNestor Garcia Canclini (1998): "Está fragmentário É uma funcionalidade estrutural a partir de a Demanda judicial globalizadores . OU globalização É tanto uma definir a partir de Demanda judicial a partir de homogeneização O que a partir de divisão a mundo, que reordenar a diferenças sem excluí-los."

É interessante nos pare em leste evento. OU 1 a partir de mês de julho a partir de 2005, a Reino Unidoassume a presidência a partir de a Unidade europeu e a Primeiro Ministro tônio Blair eu sei compromete -se a Lugar, colocar em a agendar a partir de trabalho de a futuro a ele segue tópicos: substituição só, reduzir-tonelada ou perdão a partir de a dívida externo a partir de a os países mais pobre a mundo, aumentar a ajuda econômico, comprometimento de ajudar de lutar a ASSISTÊNCIA. OU dois a partir de mês de julho eu sei faz a Concerto *ao vivo 8* , sob os mesmos lemas, de forma a se instalar na opinião públicaÉ agendar a partir de tópicos e Conseguir a Pressão mundo em a líderes a partir de a os países mais Rico. Link, Líder a grupo U2; beto Geldof, a partir de Cor rosa corpo, e outras estrelas Internacional-unhas a Rocha e a exposição mobilizar uma Porque política. Blair Aparecer em a canal a partir de vídeos musicais ele sabia de falar com uma grupo a partir de homem jovem em Aqueles tópicos OU Rocha, a política, a opinião público, a transmissão de tudo a mundo em rádio e televisão. A partir de a Lugar, colocar a partir de Internet, Que mais a partir de providenciar Treinamento em a tema, eu sei promovido diferenteComportamento, O que em exemplo usar uma pulseira Branco O que símbolo a partir de adesão de a causa ou Mandar para postar eletrônicos de a diferente líderes políticos Entre a 6 e a 8 a partir de mês de julho eu sei reunir a presidentes a G8 (grupo a partir de a Sete os países mais rico a mundo: doença Uni- dois, França, Itália, Alemanha, Canadá, Japão, Reino Unido, mais Rússia) em gleneagles,Escócia. OU 7 a partir de mês de julho eu sei para produzir a ataques terroristas em a Cidade a partir de Londres.

O desenvolvimento deste tema extrapola os limites deste material. nós apenas queremos destacar três questões. Em primeiro lugar, o significado da *sincronicidade* do eventos. Em segundo lugar, uma vez que estas situações de terrorismo internacionalcontribuir ao clima a partir de incerteza e insegurança que nós chegamos descrevendo Em Mais recentes-Sim, sair criado a pergunta em a Juventude em Leste, deles diferenças e semelhanças com os jovens latino-americanos, que vamos continuar tentando continuação.

26

Os jovens são cada vez mais atravessados por fluxos eletrônicos globais, que Assistir uma papel cada Hora mais importante a partir de a materiais em que eu sei Eles construíram anarrativas e versões a partir de Está Social e tu ter identidade que caras dezesseis OU cultura

A cultura mundial, a cultura de massa, não atua apenas no momento em que é confrontada com tela, mas se expressa na vida cotidiana. Quando a juventude cantarola as músicas toons da moda, quando vestem uma camiseta com inscrições, quando compram a roupas *a partir de marca* , já não é assim testa ao dispositivo a partir de rádio ou televisão. É assim olhando um para o outro face a face, eles se comunicam além da presença do médium. Como diz a antropóloga María Teresa Quiroz (2003: 64), está no corpo, no rosto, em a caminho a partir de falar, em Está que eu sei comer, em Está que eu sei canta, Onde a cultura a partir de massaaparece de vez em quando. Segundo Regulon (2000), os figurinos, a música, o acesso a Certos objetos emblemáticos constituem hoje uma das mediações mais importantes para a construção identitária dos jovens, o que se evidencia não só comomarcas visíveis de certas atribuições, mas fundamentalmente como forma de Três outras- a partir de entendi a mundo. Eles estão formas simbólico, e não em Está algo menos real, identificar-se com seus pares e diferenciar-se dos outros, especialmente do mundo adulto. É assim que o cultural, ou seja, o reino dos significados, bens e produtos culturais, hoje tem um papel de liderança em todas as áreas da vida. É no campo das expressões culturais onde os jovens se tornam visíveis como atores sociais. [17] Ecologia, paz, direitos humanos, defesa das tradições ções, expansão da consciência, até anonimato, individualismo, hedonismo ou consumismo, tornam-se bandeiras, emblemas que se agrupam, dão identidade e estabelecer as diferenças entre os mesmos jovens.

É importante purificado que a homem jovem não constituir uma grupo homogênea? Não todos aque ter a mesmo anos participar a partir de a mesmo "classe a partir de anos", já que não todos com- sair a mesmo Recursos e experiências vital (formar Casal, trabalho, Conseguir autonomia econômica, estudo, etc.). Além dessas características gerais, a adolescentes e homem jovem Eles estão transportadoras a partir de uma cultura Social feito a partir de conhecimento,valores, atitudes, predisposições, que geralmente não coincidem com a cultura escolar e, em especialmente com o programa que a instituição se propõe a desenvolver. como diz tenuti Fanfan (2000), enquanto o programa

27

escolar mantém os traços da diversão racional (homogeneidade, sistematicidade, continuidade, coerência, ordem e sequência) exclusivo, etc), a novo gerações Eles estão transportadoras a partir de culturas diverso, fragmentado,aberto, flexível, móvel, instável, etc. A experiência escolar muitas vezes torna-seFaz em uma fronteira Onde eu sei reunir e face diverso universos cultural.

Então, uma mofo possível a partir de aproximação É situação É trabalho com a produtos e aDemanda judicial a partir de Produção cultural a partir de a homem jovem, de para experimentar *ouvir* que é assim duro a partir de dizer de através de a partir de deles música, tu poesia, deles *grafite;* que é assim duro a partir de dizer de a SUDOESTE- sociedade em termos a partir de Definições cognitivo, afetivo e, especialmente, políticas [18] OU culturas juvenis Eles atuam que expressões que código, de através de a partir de símbolos e expressões idiomáticasdiverso, a esperar e a com medo. OU desafios que a homem jovem tu pose de a o negócio-Papai é assim lá, com deles dinheiro e fraquezas, com deles contradições e deslocamentos

Vamos voltar à *pegada do "Live 8"* para ver como as culturas do rock e da juventude que foram desenvolvido no século passado, especialmente nas mãos da mídia, eles respondem em leste novo século de uma de Anúncios política e global feito em estrelasdo rock Encontramos também alguns indícios de um novo tipo de participação política.tique a partir de a homem jovem: eu sei observar a tendência de a adesão, com uma seleção Atenção,

causas específicas em vez da militância tradicional. Segundo Regulon (2000), esses"compromissos itinerante" eu devo estar Leitura O que formas a partir de provisório política não Institutoinstitucionalizada, como uma "política de letras minúsculas". Os jovens, apesar de suas diferenças, compartilham a característica de ter uma consciência planetária, globalizada, que podeSer considerado que uma vocação internacionalista. Qualquer coisa a partir de Está que Acontece em a mundoé estranho para eles. Por outro lado, priorizam os pequenos espaços da vida cotidiana como trincheiras de impulso a transformação global. régua diz que tal Hora eu sei a eu posso acusá-los de individualistas, mas devem ser reconhecidos como possuidores de um "princípio ético-político geral". poleiro": o reconhecimento explícito de não ser portador de nenhuma verdade absoluta em Nome exercer o poder exclusivo.

Capturar esses significados nos permitirá avançar na compreensão das diferentes maneiras pelas quais a homem jovem participar real ou virtualmente em a espaço Social e em a tempo de vida público, e assimtrabalhando com eles, desde a escola, pela cidadania do século XXI.

multidões inteligente *(Inteligente mobs)*

Entre 1999 e 2000, Howard Rheingold começou a perceber que as pessoas estavam usando telefones celulares e a Internet de novas maneiras. Em diferentes cidades do mundo, os jovens Notícias e não assim homem jovem usado É tecnologia de se organize espontaneamente emporta de entrada de Comportamento coletivo, a partir de O que a partir de natureza política até a puro Engraçado.As pessoas se reúnem, cooperam de maneiras que antes não eram possíveis porque com dispositivos capazes de processamento de dados e comunicação. Sem embargo, Está tecnologias posso a partir de prolongar a cooperação já Eles têm tentou estar benéficos e destrutivos, usados tanto para apoiar processos democráticos como para ações terroristas. Apesar disso, para Rheingold há uma grande oportunidade para *multidões inteligentes* : o alfabeto, as cidades, a imprensa não eliminou o pobreza nem a injustiça mas eles fizeram possível que eu sei eles vão criar O negócio cobre-índices de sê melhor a Saúde e a bem-estar a partir de a pessoas. eu devo lembrar que aas oportunidades mais poderosas de progresso não estão nas tecnologias eletrônicas. Caso por outro lado em a práticas Social.

ouro reno, Howard (2002) *multidões inteligente,* Barcelona, Gueixa. Página pessoal: http://www.rheingold.com/ (Em Inglês)

Nenhum artigos em Aqueles tópicos, Publicados em Educar:

Flash mobs e eventos de smart mobs : Crespo, Karina (2006) "A Web: uma plataforma para a criatividade?" em: http://weblog.educ.ar/espacio_docente/webcreatividad/archives/001559. Papai [Mais recentes Consulta: 8 a partir de fevereiro a partir de 2007]

Uso de telefones celulares e mensagens de texto: Manzoni, Pablo (2006) "Celulares como interfaces cultural", em http://weblog.educ.ar/sociedad-informacion/archives/007547.php
[Mais recentes Consulta: 8 a partir de fevereiro a partir de 2007]

Também:

rude em, Carolina (2006): "O publicações a partir de texto, uma prática global?" em
http://blog. Educ.ar/sociedad-informacion/archives/007861.php [Mais recentes
Consulta: 8 a partir de fevereiro a partir de 2007]

UMA Derrame mais: OU "revolução" a partir de aTIC
Em leste Mais recente Derrame, nós interessado realçar, de a termina a partir de leste
material, a importância o que _ eu sei considera a *revolução* em a tecnologias a
partir de a Treinamento e a Comunicação.

"O salto tecnológico que permite digitalizar a informação e a hipótese de que nos
últimos trinta anos houve uma revolução informática, baseia-se tanto no projeto
de vingança a partir de colchetes, lógico industrial, culturas organizacional,
mercados e regulamentos a partir de a diretor indústrias relacionado com
produção, tratamento, processamento, armazenamento e distribuição de
informação. A convergência é um dos principais conceitos que merecem ser
elucidados porque são uma soma de processos que afetam o medula de a
sociedade da informação. [19]
A análise desses *processos de convergência,* que se referem, em linhas gerais, ao
a tendência de fundir empresas do mundo do entretenimento, jornalismo,
produção de software e hardware, telecomunicações, em grandes corporações,
excede a escopos a partir de leste trabalho. Sem embargo, nós queremos pose dois
reflexões OU A primeira circunscreve a convergência ao plano puramente
tecnológico. A possibilidade enviar fotos pelo celular ou consultar *edições
online,* que incluem vídeos e áudios, de jornais do mundo todo, ou ouvir rádios
deInternet, é produzida graças aos processos de digitalização da informação. a
conversão agência Seu, em leste senso, a possibilidade a partir de que uma
mesmo significa média estar veículo a partir de Texto:% sescritos, sons, imagens,
vídeos Hoje dia em dia eu posso ouvir a *rádio* em uma rádio, em um computador
via Internet, em um telefone celular ou de forma gravada em um media playerde
MP3. É como se a mídia não pudesse mais ser identificada pelos dispositivos.

OU segundo eu sei se refere de a pergunta política a partir de a convergência e a
partir de a globalização a partir dea cultura que uma organizador a partir de a
memória e a Eu esqueço. OU pergunta faria -em palavraspor Armand Mattel art
(1998) – se a digitalização do conhecimento pudesse prevalecer uma novo

30

critério a partir de universalização, uma modo peculiar a partir de pensar e a partir de sentir, uma novomofo a partir de organizar a memória coletivo. Ao eu respeito, Beatriz Carol (2002) Levante-se:

"OU aceleração que Afeta a duração a partir de a imagens e a partir de a material, afetar-há também memória e recordação. Nunca como agora, foi a memória um tema tão espetacularmente social. E não é apenas a memória decrimes cometidos por ditaduras, onde a memória social mantém o desejo de justiça. Trata-se também de recuperar memórias. culturas, a construção de identidades perdidas ou imaginadas, a ração de versões e leituras do passado. O presente ameaçado por O desgaste por aceleração torna-se, à medida que progride, uma questão de memória. Entre a aceleração do tempo e a vocação memorialista há coincidências (...) Recorremos a imagens de um passado que são cada mais e mais imagens do mais recente. Resumindo: cultura da velocidade papai e saudade, esquecimento e aniversários. É por isso que a moda, que capta o tempo, cultiva com igual entusiasmo o estilo retrô e a busca por notícias".

OU tecnologias eles estão a elemento evidente a partir de a Comunicação e transporte, que eu sei existemvisto, um modelo cultural. Com as TIC há uma percepção diferente do mundo, a partir de viver, a partir de trabalho, a partir de ensinar, a partir de aprender. Que mais, que pose Walton (1999):

"Poucos setores tão vitais para a sociedade contemporânea são tão presente que a Comunicação tecnológica. OU história a Telefone, aCinema, rádio, televisão, tecnologia da informação têm apenas um século. tempo de vida. Mas a separações inserido em Está técnicas Eles têm doença assim violento e eu seiEles têm leds de tampa assim rapidamente, que Visão que é assim lá a partir de por tudo sempre".

No entanto, a tecnologia não é suficiente para mudar a comunicação dentro do sociedade e Bastante algo menos outras problemas O que a a partir de a coexistência cultural em a peitoda comunidade internacional. Há uma diferença entre a vazão a partir de a publicações e a lentidão a partir de a mudanças em a práticas Social. vamos retomar lestetópico mais tarde, no entanto, queremos levantar o tópico usando palavras armas do mesmo autor:

"Se a tecnologia da comunicação desempenha um papel fundamental, é porque simboliza ou catalisa uma ruptura radical que existe simultaneamente no cultura dessa sociedade.

31

Em princípio, o que é potencial indiscutível para o trabalho pedagógico é a possibilidade oferecida pelas novas tecnologias de democratizar a produção e converter deles Ferramentas em instrumentos a partir de Autor. OU possibilidade a partir de *personalizar* Aqueles Recursosvai depender a partir de a contextos a partir de apropriação significativo que cada instituição escola Superior eu posso acumular Entre todos a agentes e romances que participar em deles Projetos a partir de integração.

Escolas e professores em um mundo em mudança:

OU apontar a partir de partida de para iniciar trabalho
Em a exitos ter indicado Nenhum elementos funcionalidade a mundo Atual e, de par-levado a partir de lá, ter criado perguntas e reflexões com a final a partir de eu posso articular e acumular novo propostas a partir de ensino.

O especialista em educação Andy Hargraves destaca que o ensino é atualmenteé uma profissão que sofre a tensão de duas forças, entre outras. Por um lado, espera-se que os professores são capazes de conduzir um processo de aprendizagem que desenvolvimento de capacidades de inovação, flexibilidade, compromisso e, em nesse sentido, tornam-se promotores da sociedade da informação e o conhecimento e todas as oportunidades que ele promete. Por outro lado, espera-se que a professores e a escolas para mitigar e contraditório problemas a partir de nosso clima, quea profundo desigualdades econômico e em a Acesso de bens simbólico, a excessivoconsumismo e a perda do sentimento de pertencimento à comunidade.

A integração das TICs na educação pode gerar novas pressões sobre o desenvolvimentodas tarefas habituais de um professor e nas suas formas de ensinar. trabalhar com tecnologia tecnologias audiovisuais e informáticas exige a aquisição de novos conhecimentos, que vão além da ter disciplina que eu sei É ensino e guarda *Atualizada;* assim O que oferecer, outro ensino das disciplinas, aborda de acordo com as mudanças que o novo tecnologias zoar em termos a partir de Produção científico, e relevante em relaçãoaos problemas globais. Envolve refletir sobre as próprias práticas e projetar espaços e tempos em que o ensino acontecerá.

"O curso do progresso educacional é mais como o vôo de uma borboleta do que

32

o trajetória de uma bala", é a metáfora com a qual o especialista em educação Phillipe Jackson (1998) descreve a atividade em sala de aula e se refere a situações imprevistas, exclusivo, instável e indeterminado em a É requeridos improvisar. também Acontece-rã Está com a TIC Aqui, a perícia, a criatividade e a sensibilidade -todos aspectos a partir de aintuição – equilibrando as forças da razão, reflexão e explicação, será umvalioso fonte para recuperar para guiar o tarefa do professor. Vinte

Já começamos a levantá-lo: as mudanças culturais ocorrem em uma velocidade diferente daa inovações tecnológica. Está mesmo Acontece com a Treinamento Professor e a práticaspedagógico Está importante É empreender a caminho a partir de a exploração e a experiência-cachorro de a incorporação a partir de a novo tecnologias com a clareza a partir de que Está não Eles estãoum fim em si, mas meios e meios para adquirir formas mais polidas e refinadas decompreensão. Ter em mente leste alvo permitirá evitar a pirotecnia, a sensacionalismo ea ruína a partir de Está que gastar banha de porco denomina "interesse imundo" ou a falso centrosde interesse que distraem o aluno do conhecimento genuíno.

No contexto da incorporação de novas tecnologias em sala de aula, as questões fundamentais quando se pensa em uma proposta didática continuam sendo: por que que, de que e que ensinar?, me perdoe organizar a ensino? que e me perdoe Avalie?,
A partir de que modo eu devo educar de sê melhor a doença humano? nós apontamos para todo semprede beber decisões fundamentado e consistente e de plano, compreensão que Está Engraçado- distintivo, que diz Pedro Bourdieu (1997), O que uma "quadro, quadro" e não uma "Força". Aberto, flexíveis, passíveis de revisão, os planos devem funcionar como guias de trabalho, uma vez quesão, nas palavras de Dino Salinas Fernández (1994), "hipóteses postas à prova",especialmente quando para ele dominar o uso de As TIC são algo novo.

vamos continuar agora em direção a a ele segue separou, Onde nós vamos apresentar Nenhum chaves deintegrar a TIC na escola. eu
chaves de integrar aTIC

Primeiro chave: Acumular a relação com a tecnologias
As percepções e expectativas que temos sobre as virtudes e potencialidades características das novas tecnologias influenciam o tipo de abordagem e uso que

vamos fazer a partir de elas. De acordo com procurar recente [21], a professores chegar a um acordo em reconheceraspectos positivos que as TIC facilitam a tarefa pedagógica, melhoram a qualidade educação e ampliar as oportunidades de acesso ao conhecimento. Por outro lado, Vários perceber que aspectos negativo, a sensação a partir de "desumanização a partir de a Ensinar- mania" e a crença a partir de que a tecnologias eles podem fomentar a "família" em a alunos.

Diante desse campo de opinião, é oportuno lembrar que as tecnologias possuem parâmetros de ação individual e social. Ou seja, eles facilitamdiferente tipos a partir de Comportamento, interações, organizações, aprendizados, etc, e evitar outras. Esta é, em poucas palavras, a definição das *medidas* [22], um conceito que não é tem uma tradução literal para o espanhol, mas podemos dizer que é entendido em termos min relacional: a tecnologia nos oferece certas *oportunidades* e criamos, nós partilhamos significados, renderizações, valores, e nós desenvolvemos Atividades e formulários
favoritos por aí a partir de elas. Em leste senso, em a usar, em a relação que nós estabelecemoscom as tecnologias, eles nos mudam e nós os mudamos.

É importante realçar, O que mais, que a contexto em que a Interação com a tecnologia a- cru intervém significativamente na definição a partir de a experiência? Nosso Link com atecnologianão eu sei faz a partir de mofo isolado: a diverso as regras a partir de adoção e a partir de usar resultadoa partir de a diferente práticas Social em a eu sei inserir, e não a partir de a tecnologias em sim sente falta-mais. OU representações cultural Eles jogam uma papel fora do comum na percepção Social a partir de a posição e a natureza a partir de a tecnologia, a exercício de corre com É por aí? e a valores que eu sei dar ao Encontro: Data. leste É uma ideia importante que Vários autores enfatizar de não incorrer em em a *determinismo tecnológica,* de acordo com a que a tecnologia É a só Porque a partir de a mudanças cognitivo, a partir de a práticas Social, a partir de a Ideias e a partir de a formas a partir de viver em sociedade. Em É linha a partir de Eu pensei, Vários eles caíram em a simplificado Explicação a partir de que a escrevendo, aalfabetização e impressão - especialmente - trouxe liberdade religiosa no Ocidente, a revolução industrial e científico, a origens a partir de a democracia e a capitalismo, etc Em oposição, outras autores Eles têm demonstração que não É a tecnologia a partir de a escrevendo em sim mal- mãe a que Porque desenvolvimentos cognitivo novo, O que em exemplo: categorização, memória, raciocínio lógico, etc, por outro lado a Demanda judicial a partir de ensino envolvido, a avaliaçãoSocial a partir de Está Atividades e a conformação a partir de

34

dispositivos institucional que a empurre e encorajar. 23 leste É 1 a partir de a Sentidos em que nós posamos que a relação com a novotecnologias eu sei Construir. É em Que, O que mais, que em leste módulo nós vamos de falar a partir de aTIC em termos a partir de *oportunidades* , a partir de possibilidades a partir de açao eu tenho em porta de entrada de elas, a partir de desafios, e não tanto a partir de efeitos O que algo que Nós podemos prever.

eu creio contextos a partir de Aprendendo comTIC
Para obter maior clareza expositiva e, ao mesmo tempo, tentar evitar o que De acordo com o que foi dito, seria uma visão reducionista do assunto, ordenemos e pro- Nesta seção problematizamos algumas das contribuições ou oportunidades do novo tecnologias de acordo com diferentes abordagens.

A partir de uma perspectiva instrumental, poderíamos dizer que a diretor contribuiçõesdas novas tecnologias às atividades humanas são especificadas em uma série de funções montes que facilitar a conquista a partir de a Tarefas, Por que estão, estar a que estar, para todo sempreexigem que certas informações sejam realizadas, certos processos eu minto Está E frequentemente, de comunicação com outras pessoas.

Em termos em geral, a novo tecnologias facilitar a Acesso de a Treinamento em mu- Crianças e classificado tópicos, em diferente formas (Texto:% s, imagens reparado e em movimento, sons), deatravés de a partir de Internet, a CD ROM, a DVD, etcE O que mais eles estão instrumentos que permitir:

processe dados de forma rápida e confiável: realize cálculos, escreva e copie texto, eu creio bases a partir de Dados, Modificar imagens; de Está existe Programas especializado: saiplanilhas, processadores de texto, administradores de banco de dados, editores gráficos, imagens, sons, vídeos, apresentações multimídia e páginas web, etc.;

Automatize tarefas;

Armazenar grandes quantidades de informações;

Configure comunicações imediatas, síncronas e assíncronas 24 horas,

Trabalhar e aprender de forma colaborativa;

Produzir conteúdo e publicá-lo na Web;

Participe de comunidades virtuais.

Agora Nós vamos, mais lá a partir de tudo Está que Nós podemos Faz, que faria a oportunidadesna área educacional? Poderíamos começar dizendo que o que nos permite avançar em um novo entendimento é ver que as TICs são um conjunto de ferramentas com as quais a Individual interagir a partir de mofo ativo formando -O que propor Gabriel Silo-mon, David Perkins e Tamar Globe são (1992), pesquisadores de tecnologia e educação: uma *associação intelectual* que permite realizar mais eficiente e em menos tempo é também usá-los como "ferramentas" pensar" [25].

Nas últimas duas décadas, a perspectiva da "cognição distribuída" ganhou força. Dar", isto é, considerar a inteligência humana distribuída além do reino da a corpo próprio, abraçando de outras pessoas, apoiando-se em a meios de comunicação simbólicoe aproveitando o ambiente e os artefatos. Nas palavras de Perkins, seria a "pessoa na-mais" o ambiente. Ou seja, a pessoa pode melhorar seu *desempenho,* ampliar sua capacidades ou ir mais longe, alcançando mudanças profundas em seus processos de compreensão. Sião. DE a TIC que oferta uma *Associação* ou *colaboração intelectual* eu sei a existem chamado "instrumentos cognitivo" ou "tecnologias a partir de a mente" Por que potencialmente permitir o aluno a pensar em um nível que transcenda as limitações de seu sistema cognitivo. Para a autores mencionado, "O local de construção a partir de uma pessoa em colaboração com a tecnologiapoderia ser muito mais 'inteligente' do que o trabalho da pessoa sozinha". [26] avisar sem No entanto, esta colaboração exige esforço e, se se pretende um maior desenvolvimento, acima, o aluno deve participar de forma comprometida, com atenção voluntária (em forma "não automática") e dirigem cognitivamente a tarefa realizada. Destaques Salomão (1992) que É *Associação intelectual* É termo análogo de a situação que eu sei acordado Quando uma grupoas pessoas unem suas habilidades mentais para resolver um problema juntas,pose uma estratégia ou eu creio uma Esboço, projeto complexo. De acordo com a Autor, "Nenhum eles vão dominar determinadas questões e, ao externalizá-lo, dará a outros membros do grupo a partir de usar Demanda judicial que não poder usar só".

36

Agora Nós vamos, Dados leste escreve a partir de Associação, eu posso pergunte-nos Onde reside a inteligência. OU Autor Explique: "Eu sei poderia argumentar que a inteligência não é apenas uma qualidade da mente, mas que é o produto da relação entre estruturas mentais e ferramentas internas. Intelectuais fornecidos pela cultura. Perkins (2001) comenta que pensar e aprendizagem distribuída pela pessoa - aparece mais claramente em situações em que se desenvolve uma investigação autêntica e extensa: um aluno que elabora um prova, uma de Anúncios que pensar uma Campainha, uma diretor que faz uma filme, uma engenheiro que desenhos uma Ponte. De acordo com leste Autor, em Educação, usualmente, a foco

E Centro em a pessoa "solista", que usar enciclopédias, livros, Texto:% s, materiais de estudar, mas raramente ele recebe qualquer coisa para fazer além de um lápis e papel. Já que de a Autor a pessoa solista não É plausível em a tempo de vida real, enfatiza que a escolas Eles deveriam ajudar de a estudantes de liderar *a Arte a partir de a conhecimento distribuído.* Além disso, o uso efetivo do meio ambiente não acontece automaticamente, ele simplesmente porque está lá, disponível. Se não for ensinado, os alunos tendem a ignorar Nenhum a partir de a topo formulários a partir de a "estruturas a partir de suporte suporte físico, simbólico ou Social" que é assim de tu Conseguir. Em exemplo, a resumos, Títulos, índices e a conhecimento a partir de a estruturas textuais fazem parte do sistema de suporte simbólico para realizar uma Leitura eficaz. Sem embargo, sem Treinamento em estratégias a partir de Leitura, a estudantes não eles podem beber vantagem a partir de elas e usualmente Leitura linearmente a partir de a Começar até a final.

Se pensarmos em TIC, encontramos oportunidades para cultivar todo tipo de habilidades relacionadas com a distribuição engenhosa de pensamento e aprendizagem. OU *chaves* eles são, de certa forma, um guia nessa direção.

Tem sido frequentemente sugerido que, dada a quantidade crescente de informações disponíveis, nobre em Internet, já não faria assim importante ensinar conteúdo por outro lado Habilidades de processar essa informação. No entanto, do ponto de vista que apresentamos No entanto, esta distinção é infundada, uma vez que um aspecto fundamental na da cognição distribuída é o ensino do conhecimento. vamos parar com isso apontar. Em geral, compreender uma disciplina não implica apenas saber a "nível a conteúdo" (atos, procedimentos), por outro lado O que mais Está que Energia chamado conhecimento a partir de "solicitação mais alto", perto de a partir de a estratégias a partir de resolução a partir de problemas, estilos a partir de justificação, Explicação e Recursos investigador a domínio em Conselho-ção, Por que É leste nível a que afetar em a habilidade a partir de Faz, a partir de quebrar problemas, propor abordagens, etc. Essas estratégias e modelos fornecem os principais caminhos para escolher o comportamento relevante no domínio, e são os que infundem significado às atividades relacionadas a ele. falta estruturasolicitação mais alto, a performer sim ir limitado na sua opções Chegar a um acordo com Perkins,

"Uma perspectiva mais centrada na pessoa indica que os parâmetros e trajetórias básicas do desenvolvimento humano podem mudar dependendo do que podem ser comumente consideradas nuances do ambiente e a relação de a pessoa com ele. E certamente é possível imaginar um processo educacionalcativo que eu sei leste em mais alto qualificação em direção a a pessoa-mais, Reforçoalunos a acumular mais conhecimento e arte em relação ao recursos cognitivos fornecidos pelos meios físicos e humanos que cercá-los; realmente permitir que os alunos construamem torno dele seu "mais" pessoal, seu próprio ambiente para um programa que

Em síntese, a senso a partir de acumular a relação ele em a lado a partir de ensinar de para desfrutar asistemas a partir de suporte suporte em situações autêntico e dar a Ferramentas de a conhecimentoa partir de ordem superior.

Agora, ampliando a visão com uma perspectiva social e política, as escolas que estimulam os jovens a fazer uso significativo das TICs e aproveitar os sistemas de apoio à cognição abrirão as portas para novas possibilidades de acesso a um maior fluxo de informação. , maiores oportunidades de ensino em primeiro plano, suprimentos para acne e oportunidades de emprego. Porque o que veremos neste módulo, as tecnologias de informação e comunicação não são simplesmente um meio, um meio ou uma ferramenta

desenvolver a inteligência, ou seja, um espaço multidimensional, público, colaborativo para a construção de ideias, conceitos e interpretações, organização e ação. As TIC proporcionam um espaço que pode integrar e complementar as tarefas da sala de aula, especialmente na experimentação e aprendizagem de outras formas de conhecer e outras formas de se expressar, comunicar e tornar-

38

se visível. Além disso, a maior disponibilidade de informações será melhor utilizada se os jovens forem ensinados a fazer perguntas e resolver problemas com abordagens novas, relevantes e significativas (conhecimento-mente de ordem superior). Por último, mas não menos importante, deparamo-nos com potenciais oportunidades para formar, estimular e preparar os jovens para participar na vida social e pública com as suas próprias ideias e critérios. Assim, idosos com melhor acesso às oportunidades oferecidas pelas TICs contribuiriam para a democratização

meios de participação

Howard Rheingold -autor já citado no material Oriente- pensa sobre quais novas tecnologias podem ser usadas, quais celulares e computadores estão na rede, o que isso significa para a participação na democracia. Aqui resumiremos algumas de suas propostas em relação ao tema do Oriente.

Aprender a usar essas tecnologias, comunicar e organizar pode ser a competência cívica mais importante que os jovens devem incorporar.

A voz pública é uma forma de unir habilidades de mídia e engajamento cívico. Os jovens que participam das redes sociais online acessam outros espaços públicos, pois não apenas consomem, mas também criam em ambientes digitais: investigam, adotar, eu sei apropriado, inventar formas a partir de participar em a Produção cultural.

• Os jovens são frequentemente mentores uns dos outros na utilização das TIC, mas também precisam de orientação discutir como aplicar essas habilidades em processos democráticos. Os meios de comunicação de a participação eles podem estar uma ferramenta poderoso de fomentar de a homem jovem dese engajar, com sua própria voz, em questões que lhes dizem respeito. Tire-os da expressãoSião privado de a público eu posso ajude-os a de converter-se em a auto expressão em outras formas a partir departicipação. A voz pública é aprendida, e é uma questão de compromisso consciente com uma público ativo, mais que uma fácil difusão a partir de publicações de uma público passiva.

• OU voz a partir de a indivíduos coletado e em diálogo com a vozes a partir de outras É a base bainha-mente da opinião pública. Quando você tem o poder e a liberdade de influenciar decisões públicas e surge de um debate aberto, racional e crítico entre pares, pode estar uma instrumento essencial de a governança.

• OU atos a partir de Comunicação eles estão fundamental em a tempo de vida política e cívico a partir de uma a partir de- democracia. Demonstração de a estudantes me perdoe usar a TIC de relatório ao público, dar

39

apoio a causas, organização de ações em torno de determinados temas, formas de participação compromisso eles podem entre neles em deles Primeiro experiências positivo a partir de cidadania.

• OU Produção em a meios de comunicação É diferente a partir de a Produção a partir de, em exemplo, bens economia-macacos, Por que ter a habilidade a partir de persuadir, inspirar, educar, orientar a Eu pensei e crenças. O poder técnico das redes de comunicação é importante porque multiplicaa capacidades humano e Social Preexistente a partir de formar associações que Tornam possível Comportamento coletivo. OU redes eletrônicos permitir aprender, argumentar, deliberar, se organize de balança Bastante maior e de ritmos de a Antes de não foi possível. OU cultura participativo deve centrar-se na expressão e na participação na comunidade. esses novos Habilidades que eu sei associado de a bola Social a partir de colaboração e participação eu devo saudar-Palha em a literatura tradicional, a Habilidades técnicas e a partir de Eu pensei crítico.

sociedade em geral e proporcionaria aos alunos e comunidades uma Senhor adicionados à sua própria educação, treinamento e desenvolvimento.

OU ensino e a tecnologias
ele pode dizer que, em mofo paralelo de a difusão a partir de a meios de comunicação a partir de Comunicação e a novas tecnologias no mundo do trabalho e do lazer, sistemas educacionais Eles têm tentou, com mais alto ou algo menos sucesso, incluí-los em a práticas a partir de ensino. Em leitura-se aproxima em geral, eu sei existem partida a partir de uma visualizar centrado em a possibilidades a metade e metade, de motivar de os estudantes e facilitar a compreensão de o conteúdo plano de estudos.

Não obstante o exposto, observa-se que a incorporação de novas tecnologias em a educação muitas vezes gera "ciclos de fracasso". [27] Quando uma tecnologia É desenvolvido e sumo ao Mercado, emergir Vários interesses e fatores que lidar com deaplicam-na de a solução a partir de problemas educacional. A partir de É mofo, eu sei gerar Expectativas que não eu sei eles cumprem Crescer a percepção a partir de que a usar É inapropriado e improdutivo voto, produzindo o efeito paradoxal de reforçar os velhos moldes educacionais que destinado a transformar. leste eu sei explicaria, Entre outras fatores, em a crença a partir de que a incorporação de novas tecnologias *por si só garante* a mudança educacional e justifica É Está que eu sei denomina *foco focado em tecnologia.* OU, em a contrário, a tendência *assimilar novas tecnologias* em práticas educacionais existentes e usá-las paraFaz que que juntar-se com a filosofia e práticas pedagógico predominante

OU inclusão a partir de novo tecnologias alcançaria resultado uma inovação sim Eles eram acompanhado a partir de mudanças conceptual em a concepção a partir de tu usar e a partir de a reflexão em em que e de queuse-os, use-os, que Eles estão a contribuições e que escreve a partir de Aprendendo eu sei eu posso promover com elas.

É importante fazer uma pausa neste momento para enfatizar a necessidade de levar em conta a *dimensão humana* ao buscar promover transformações dessa natureza. Na adoção das TIC, não se trata apenas de considerações sobre oportunidades de aprendizagem, mas também *problemas de pessoas* envolvido no processo e quadros institucionais no qual se produz

Modos de pensar e modos de fazer, de fazer o trabalho, estão associados, entre outras coisas, as tecnologias utilizadas (livros, giz e lousas, etc.), e são profundamente enraizado nas pessoas – professores, administradores e alunos – e na culturas institucionais. Isso faz parte do que é chamado de *conhecimento tácito, conhecimento prático, teorias implícitas* ou *esquemas práticos de ação* . Qualquer um a partir de Está denominações, Faz ênfase em Nenhum aspectos mais que em outras, pontos de explique que eu sei doces a partir de uma conhecimento que só eu posso estar formalizado parcialmente,que foi acumulada ao longo do tempo através de processos de aprendizagem de ter prática pedagógico, e que eu sei Aplicar tendo em vista uma variedade a partir de situações concreto eirrepetíveis, articulando respostas complexas. [28] São teorias pessoais implícitas sobre ensino e aprendizagem que também foram reconstruídos sobre o conhecimento pedagógico para elaborar e transmitido em a Treinamento. Está teorias ou esquemas tácitotêm uma força determinante em relação às práticas, no sentido de que permitem regulá-los e controlá-los, e eles também têm alguma estabilidade.

Em suma, é um tipo de conhecimento experiencial, representado em imagens ou esquemas, a partir de personagem subjetivo, pessoal e situacional e de a Hora próprio a partir de uma coletivoprofissional. Ter isso em mente nos permite

41

entender que ensinar não é simplesmente Aplicar uma retomar e cumprir com a Objetivos a partir de conteúdo, Por que permanentementeDesenvolvemos tarefas que não podem ser guiadas por manuais de procedimentos ouem planejamento Considerar a conhecimento tácito eu sei retorna fundamental Quando eu sei promover processos de mudança.

Essa forma de entender o que configura e sustenta os princípios de ação por sua vez, nos permite compreender que a incorporação de uma nova tecnologia pode levar a profundas transformações nas formas arraigadas de fazer as coisas e revisar a partir de Nenhum suposições em a conhecimento e a assuntos, em a ensinar, a aprender-Correto e como aprendemos a ensinar.

Da mesma forma, devemos considerar que ao incorporar as TICs e mudar a ensino também modifica, por um lado, o tipo de aprendizagem e desempenho que Nós esperamos a partir de a homem jovem, Está Seu, tu *doença a partir de estudante*. E, em De outros, eu sei a para abordarem outros usos da tecnologia aos quais, talvez, não estejam acostumados (ou, diretamente, mente, não Eles têm Teve Acesso). OU investigador em Educação Gary Fenstermacher (1989:155) diz que "a *tarefa central do ensino é permitir que o aluno Tarefas a aprendendo"* [29] – para a denomina "aluno " - e dar suporte suporte de a ação a partir deestude. É dizer, a Professor devo instruir de a homem jovem perto de a partir de a procedimentose demandas de seu papel de aluno, que além de realizar as tarefas de aprendizagem, "Inclui lidar com com professores, dar a volta com a ter companheiros, testa testa dea País a situação a partir de estar aluna e O que mais no controle a aspectos não acadêmicoda vida escolar".

Entendemos que, por meio das atividades que realizaram, as avaliaçõesque elas Eles têm doença inserido, a estilos a partir de a professores de a que Eles têm Teve que para adaptar- e as rotinas da instituição, também desenvolveu um *conhecimento tácito,* algumas formas de *ser aluno* e, claro, uma série de estratégias e "truques" para Reproduzir a Reproduzir a partir de a relação pedagógico Então, ao ser modificado a Tarefas a partir de Aprendi-zona, a rotinas, etc, Eles terão que Junte-se ao mudança e Avançar em direção a novo modosa partir de "estude" e em direção a a incorporação a partir de a TIC O que suporte suporte físico de a conhecimentoe formas de aprender a exercer a cidadania. Ou seja, mesmo que tenham contatofora da escola com as novas tecnologias, eles terão que aprender a aprender com use-os em outros contextos e para outros propósitos e desafie-se a pensar fora da caixa.modos novo.

Este é outro dos sentidos em que dizemos que a relação com a tecnologia deve ser acumular.

OU homem jovem e a novo tecnologias
Outro aspecto que queremos levantar para esta construção é derivado do exposto acima recentemente e a observação sobre a abordagem e uso das TICs feita pelo homem jovem que ter Acesso de elas. Em Primeiro lugar, posição, a homem jovem Eles aprendem de use-os, use-osna vida cotidiana, por tentativa e erro, do jogo, informalmente, implicitamente, intuitivo, visual, imaginando e Providenciar Entre sim instruções fácil,

Truques e recomendações, para fins específicos de informação, entretenimento e Comunicação. Ao contrário de muitos adultos, eles entendem rapidamente o *idioma*. *botões* e navegar facilmente pela complexidade das redes de computadores. Parece que, como dizem Jesús Martín Barber e German Rey (1999), eles são dotados de uma "plasticidade neuronal" e uma "elasticidade cultural".

Em segundo lugar, pode-se dizer que são práticas que tendem a se disseminar entre como símbolo de pertencimento a determinados grupos. [30] Ou seja, além da facilidadeencontrar na gestão dessas tecnologias, há uma espécie de incentivo para usá-las ser uma fonte de diferenciação social.

pesquisa recente indicam que os jovens, na sua possibilidades, eles usam uma ampla espectro a partir de meios de comunicação e engenhoca. Aqueles eu sei distinguir Entre"mídia de primeiro plano" e "mídia de fundo". Os primeiros são o foco de atenção, Tempo que a segundos Inventar uma meio Ambiente resfriado em a que trabalho e Engraçado-vômito Além disso, costumam usar dois ou mais ao mesmo tempo. Esta habilidade édenomina *multitarefa*
OU Aprendendo em porta de entrada de a possibilidades a partir de a tecnologias Uma última perspectiva, na qual pretendemos refletir sobre a construção a partir de a relação com a TIC, pontos de pense neles em a quadro, quadro a partir de a cultura e a sociedade. ÉEm outras palavras, as tecnologias são desenvolvidas em

43

outros contextos que não a escola e nos relacionamos com elas também em outras áreas.

Um processo repetidamente verificado no histórico da mídia indica que quando começa esta história, as pessoas estabelecem um vínculo com o novo meio que é separar predominantemente em a Contato, vinculado de a fascinação que produz Em.-éguas de a notícias tecnológica. Em uma segundo etapa, eles começaram de articular uma consumodivididos por conteúdo e áreas temáticas. É somente em um terceiro momento quandoo meio é capaz de assumir variações na expressão dos conteúdos edão origem à diferenciação nas formas de narrar, na estética utilizada, etc. Ele fez que eu sei ir em desenvolvimento O que estágios, Aparecer a diferenciações em a apelo ao destinatário e segmentação de perfis de destinatários.

leste É a senso em a que a relação eu sei Construir: Vamos pensar, em exemplo, em a você para- estuário a Filmes e a televisão. OU experimentação e a Aprendendo em porta de entrada de deles códigos epossibilidades expressivo, em papel a partir de produtores e cineastasE de a Hora, a responderdo público e seu gradual *aprendizado para vê-los* e conhecê-los. os primeiros filmes bundas eu sei Eles olharam ao Teatro, a Primeiro Programas a partir de televisão eles eram que a rádio, etcEm É linha a partir de raciocínio É lógico pensar que a formulários iniciais a partir de a TIC virar em em torno de formas pedagógicas mais conhecidas.

Evidentemente, pensar o novo é possível a partir da herança do passado e pergunta a paradigma existe. É uma chance de gerar proposições de arenovação a solicitação estabelecidos. Mas com a Ideias novo ou renovado O que mais remodelação- álamos nosso realidade Presente e futuro, Por que não só nós sabemos mais, por outro lado Por que eu sei abriu _ portas de outras territórios não conhecido. leste É uma desafio, uma aposta e uma chance, Por que eu posso beber a Voltagem que eu sei mofo Entre a certo e a incerteza mais burro que uma autêntico Gasolina de pensar, Faz Ciência ou eu acho [32]

A lição que podemos aprender com cineastas, produtores, diretores de mídia e TIC é que eles se envolvem com tecnologia, experimentação, eles investigam, eles estudam, eles vêem o que os outros estão fazendo sobre isso, eles tentam inovar, em um e voltar com audiências, audiências e usuários. As formas

44

expressivas no cinema e a televisão, assim que todos a desenvolvimentos com TIC não emergir a partir de uma Hora e de para tudo sempre:eu sei ir renovando, construção. Nós pensamos, Assim, que a incorporação a partir de tecnologias de informação e comunicação para o ensino pode ser percebido como um oportunidade para uma mudança significativa, em vez de uma resposta à pressão social para atualização de tecnologia.

Em suma, compreender a dimensão social, cultural e histórica das mudanças que acontecer em a formas a partir de registro e transmissão a partir de a conhecimento construído socialmente chá nós Permite entendi em que a tecnologias a partir de a Treinamento e a ComunicaçãoEles não são entendidos apenas como mais *uma ferramenta* , mas como uma profunda mudança social e estrutural em a formas a partir de conceituar e conceber a mundo que nós rodeia; e em Estátanto, em a formas a partir de Acesso, aprender e reunir a por ai. Por ter em conta ÉVer, nós teremos elementos novo de repensar nosso suposições pedagógico e

Decisões sobre o quê, para quê, porquê e como, que orientam a inclusão das TICs noensino. Refletir sobre esse quadro social e cultural também nos dá a chance definir um uso com significado e o que agregar valor a as propostas.

Segundo chave:OU volume a partir de a Treinamento
Internet É uma Internet mundo a partir de computadores interligado que participação Treinamentoe recursos No uso diário, os termos *Internet* e *World Wide Web* "teia de aranha a partir de largura mundo"), conhecido O que mais O que a A rede ou a Internet, com letras maiúsculas, eu sei usar indistintamente Sem embargo, com a final a partir de eu posso para desfrutar a potencial educacional que Está tecnologias oferta, eu devo saber que não Eles estão Está mesmo. OU Internet É uma sistema a partir de Treinamento Bastante mais recente que emprega Internet que significa média a partir de transmissão.

Quer saibamos ou não como a Internet funciona, uma das ideias que circulam é que é como se uma grande biblioteca, onde podemos encontrar quase tudo. há uma percepçãodisponibilidade ilimitada de informações, vozes, pontos de vista, recursos, etc., o que pode ser esmagador. Esse fenômeno é mencionado emtextos

45

especializados como *hiperinformação* , *superabundância de informações* , *dados smog* , *avalanches* , *inundações,* etc. [33] Deve-se notar que há uma diferença substantiva Entre *Treinamento* e *conhecimento* : É mentiras em a exercício cognitivo a partir de a romances. ÉBastante a Treinamento de a que eu posso Acesso, mas De outros coisa É a conhecimento em contra-real em base de você está lá fora, Nós vamos leste isso implica Demanda judicial idiossincrático de tu apropriação etransferir, e eu sei para elaborar em base de uma Internet a partir de conexões significativo de uma tema, em uma situação específica e em um contexto específico de prática. [3, 4]

O que nós mencionamos em a chave inglesa anterior, base em a revisão de a esquema transmitir-Sião a partir de conhecimento Entendido só O que Treinamento (Dados, Definições, etc) que os alunos Eles deveriam compra (memorizar), Vários autores e professores de a ênfase em a aumentar a partir de Habilidades complexo, O que desenvolve em a estudantes a espírito crítico e Habilidades de a dirigindo a partir de a Treinamento, já que de valores Treinamento é assima máquinas, que Está Faz ficar melhor. Sem embargo, leste entusiasmo em Participação a Tarefas Entre seres humanos e máquinas nós eu posso Faz esquecer que nós precisamos memorizar, lembrar,de montar uma base a partir de Treinamento e conhecimento a partir de solicitação mais alto que nós permitirámais tarde, Entre outras material, configuração nosso critério de Avalie a Dados que Vamos encontrar em Internet. OU Eu pensei não eu sei desde o em a vazio, por outro lado que É gerenciou e suportado em a conhecimento adquirido, tanto em a mofo a partir de atos específico que em a Começar a partir deorganização e raciocínio. O que diz Emily Barraca grande amador (2005: 115-116):

Pode-se dizer que essa ênfase no desenvolvimento de faculdades complexas, Quando ele a partir de a mão a partir de uma depreciação a partir de a ideia a partir de Educação queapropriação (e não que memorização) a partir de conhecimento e capital cultural,em em geral, eu posso ter Consequências negativo. Em Está feito, a preferência o velho-truque em a criatividade e a capacidades críticos eu posso fique em Nós vamosintenções Quando eu sei autonomias e eu sei se opõe de a ideia a partir de Educação que
apropriação a partir de a fruta a partir de a cultura e a partir de a civilização [...] OU criatividade ea consciência revisão constituir conceitos vazio sim não ir acompanhado emuma Forte ênfase em a domínio a partir de O que Ferramentas a partir de Eu pensei e a partir de açao que a Masculino Eles têm desenvolvido, criptografado e

46

acumulado de Está comprimentoa partir de tu história. Em Nenhum mudança a partir de a exercício humano, tanto científico-técnicas como estética ou esportes, são mais propensos a inventar eeu creio a que eu sei Eles têm apropriado a partir de O que elementos cultural anteriormentedesenvolvido [...] OU saber acumulado ter Está virtude: não só É conhecimentofeito, por outro lado O que mais método, estratégia, instrumento, recurso de criticar esuperar Está Dados. leste É uma funcionalidade a partir de a cultura contemporâneo. Emoutras palavras, Quando eu sei doces a partir de conhecimento e Habilidades complexo, a Reproduzir- dicção É intimamente vinculado de tu ter Produção renovado. OU culturacomplexo eu sei preservar e transformar em uma mesmo movimento".

O que estamos sugerindo é que o ensino dessas habilidades ocorra junto com o conhecimento primeira ordem e os de ordem superior.

Habilidades de a dirigindo a partir de a Treinamento
Ah sim que nós precisamos entendi a partir de Nenhum modo me perdoe a bibliotecários solicitação e degustação- logar a livros (e todos a materiais que eu posso reunir em a bibliotecas) dar _ _ com que que eu posso sirva-nos, de reunir Treinamento em Internet eu devo aprender-Correto de usar a Ferramentas a partir de Olhe para e entendi tu lógica. UMA a partir de Está Ferramentas,a mais usado, eles estão a *motores a partir de Olhe para.* Basicamente, Nós entramos a palavras chave inglesae que resultado É provável que vamos levar centenas a partir de Milhares a partir de referências, Apesar de nãotodos a é assim em Internet. Nós Nós encontrámos É por aí? testa de dois problemas. Em uma lado, a websites invisível de a motores a partir de Olhe para (Assistir a Caixa eletrônico *Internet despercebido)* e, emoutro, o problema da relevância. As informações aparecem desordenadas e fragmentadas.Não existe as normas estruturação. OU motores de busca permitir reunir a Treinamento, mas não a organizar. leste eu posso carregar ao perplexidade. Em Que, Vários vezes, a abundânciaa partir de Treinamento não eu sei traduzir necessariamente em uma aumentar a conhecimento.

O objetivo é então distinguir o que é útil, o que é credível, o que é interessante, o que é importante,que de vezes eu sei ter a sensação a partir de desperdício Bastante clima em Verificações curiosidadesou Treinamento um pouco gostaria. Nicolau bolhas e Thomas chamador (2201: 62-72) eles falama partir de *hiper leitura* O que a habilidade a partir de "reunir e a partir de Leitura em mofo seletivo, Avalie equestionar o que é encontrado, ou seja, fazer suas próprias conexões entre o lesões, Lugar, colocar em dúvida a Links que outras providenciar, maravilhoso em a silênciosou as ausências". Por isso, os autores enfatizam:

"OU habilidade revisão de Leitura a Treinamento em mofo seletivo, avaliee questioná-la é um dos desafios educacionais fundamentais que corre as novas tecnologias".

Especificamente, quais habilidades estão envolvidas na busca e localização das informações necessárias?OK? Edith Lit vence (2004), especialista em tecnologia educacional, sugere:

Identifique a natureza da informação.

Para elaborar a termos de corre a investigar (e de estendê-los: uma a partir de aRecursos da Internet é que um Uma coisa leva a outra).

Implemento estratégias a partir de pesquisar (retornar de páginas do motor de busca a partir de conexões, etc).

Configurações critério de Selecionar a material em ocupação a partir de a propósitos e acondições da tarefa.

Avalie em Tamanho este tipo a partir de a informação é útil ao propósitos a lição de casa.

Validar a material selecionado em relação com a contexto a partir de Produção e em retransmissão- lata Desculpe-me conhecimento e os métodos de as disciplinas envolvidos.

Levar a cabo validações cada Hora mais equilibrado (seleção estúpido É bem).

Decida continuar com a investigação ou não.

Essas ações de busca e busca podem ser realizadas pelo professor para ver conferência a material didático de deles alunos. leste será capaz estar oferecido a partir de modos maisestruturado ou menos formalmente: *solto,* em busca do

48

tesouro, como *consultas* ou *pesquisa na internet.* Um fato básico a ser lembrado é que, dada a facilidade de manuseio de informações movimento digital, particularmente por meio de recursos de *recortar* e *colar,* é essencial gerar slogans que garantem um trabalho de elaboração sobre informações

A busca e seleção podem ser realizadas progressivamente pelo mesmo alunos, com a orientação do professor, até atingirem os mais altos graus de autonomia e auto-regulação possível. Por exemplo, através do método de aprendizagem por projeção. tosse. Que mais, É importante que a estudantes entendi em que É requeridos Avaliea Treinamento encontrado. DE sair a partir de lá, não só ensine-os de trabalho com Treinamentoa partir de diferente fontes, por outro lado O que mais, guiá-los de plano me perdoe comunicare compartilhar os resultados e, fundamentalmente, agir com ética e responsabilidade.Confiabilidade no uso da informação.

Por fim, devemos lembrar que, embora o desenvolvimento dessas habilidades seja fundamental, links, bem como ensiná-los em uma estrutura de atividades que faça sentido, ou seja, significativo e relevante.
Nenhum critério de Avalie a Treinamento

Necessariamente nós teremos que investir clima em classificação, Selecionar e discriminar.E, também ensinar como fazer.

A avaliação de materiais que estão disponíveis na Web às vezes requer Muito conhecimento da área. No entanto, quando você não tem esse conhecimento, eu estimei Credibilidade envolve fazer a si mesmo algumas perguntas:

Quem: Quem são as fontes de informação? O nome da organização aparece? Organização editorial e responsável? Você fornece um endereço de contato? Vários às vezes encontramos informações em "Sobre nós" ou "Quem somos".

Quando: refere-se à validade e atualização das informações Publicados.

Por quê: Quais são os objetivos explícitos da organização? Esta informação geralmente aparece em "Nossa missão" ou "Institucional".

Por que a informação foi publicada: para vender? Informe-se com fatos eDados? Para compartilhar, colocar acessível ideias, conhecimento? para parodiar?

49

Como: refere-se, por um lado, à qualidade e precisão do conteúdo (são fontes?, os links são fornecidos?, etc.). Por outro lado, o design gráfico e legumes

De quem Está recomendado e me perdoe nós chegamos de leste site: a Links a partir de e em direção a uma recursoimplicam uma transferência recíproca de credibilidade. Quando uma pessoa fornece um *link* para outro ou o menciona, assumimos que funciona como uma recomendação. Rebarba- lâmpadas e Callister (2001: 66) afirmam:

"A cadeia de elos que é a Internet é uma enorme rede de credibilidade: aqueles que estabelecem links ativos para informações confiáveis e cujas informações ou opiniões são identificadas e reconhecidas Mencionados por outros, ganham credibilidade como usuários e como provedores de informação. Chamamos essa rede *de sistema de crédito.habilidade distribuído"*.

leste Ele representa 1 a partir de a métodos mais eficiente e cada vez mais mais usado deA busca de informações. O interessante de tudo isso não é apenas a possibilidade deChegando perto identificado Nenhum websites que nós indicar a rota em direção a a Recursos que nós eles podemresultado Ferramentas, por outro lado O que mais propor de a estudantes a desafio a partir de estar provedorescriadores de informação ou conteúdo e geradores de redes de troca. É Em outras palavras, temos aqui oportunidades para oferecer a você uma *tarefa genuína a* partir da qual aprender, e uma forma concreta de *se tornar visível* e ter as primeiras experiências de participação na vida pública.

Beber a partir de decisões em a Acesso de a Treinamento
até até a aparência a partir de a meios de comunicação a partir de Comunicação e a TIC em a Educação, a perguntaem a confiabilidade a partir de uma fonte não foi criado que uma precisar. OU conteúdo ea mofo em que leste foi tema em a livro a partir de texto eles descansaram, fundamentalmente,a credibilidade da editora. Não tem sido costume nas salas de aula praticar perguntas questionar as intenções dos autores ou seu tratamento de diferentes assuntos.Manoel Área amoreira (2002b), especialista em novo tecnologias e Educação, Ele diz:

"Oh livro a partir de texto É a diretor material que ter a escola Superior Ondeo conteúdo é fornecido e as prescrições são operacionalizadas em um nível prático. de um currículo específico. Como sugere Gideon, o Os livros didáticos são os

50

recursos que traduzem e mediam entre implementação oficial do currículo e prática na sala de aula. no texto é a metodologia que permite o desenvolvimento de objetivos, são Uma vez selecionados e sequenciados os conteúdos, um grupo deatividades sobre eles, a estratégia didática está implícita.acne o que o professor deve seguir.

Mas, por outro lado, quanto maior o volume de informação que temos à nossa disposição, mais número de fontes. A característica é que eles estão dispersos, aparecem em diferentes todas as formas, estilos e designs; servem a uma variedade de propósitos e nem sempre foram criado especificamente para fins educacionais.

Com a incorporação a partir de a Treinamento e a Recursos a partir de a TIC eu sei Faz requeridos ratazana-perguntar-nos, em relação a esta questão, que recursos vamos usar, como vamos combiná-los se formos fornecer todas as informações que consideramos importantes. Importante o Incentivaremos os alunos a praticar a busca e a reflexão. Nós consideramos que essas alternativas eles não são exclusivos.

A rede 2,0

Estamos entrando em uma nova etapa da Internet, que recebeu um nome: Web 2.0. Este é o termo usado para se referir a uma nova geração de aplicativos. desenhos animados e sistemas a partir de a A rede que permitir definições relações a partir de muitos para muitosou comunidadesOU A rede 2,0 Ele representa uma mudança a partir de concepção a partir de a Líquido.DE difere-do anterior, com sites estáticos, raramente atualizados e sem interação com a Nome de usuário, a A rede 2,0 É uma plataforma colaborativo Onde eu sei eu creio conteúdo dinamicamente, ou seja, são produzidos na rede e podem ser editados no local. leste É possível Obrigado de Ferramentas que exigem bastante Algum conhecimento técnicoPor quê Em exemplo, a partir de a enciclopédias *em linha* nós gastamos ao conceito a partir de a Wikipédia, emque qualquer pessoa pode participar do desenvolvimento dos temas; dos sites pessoal para weblogs, muito mais fácil de publicar e atualizar; de diretórios para organizar o conteúdo, aos de *tagging* ou social tagging, onde a categorização andando a partir de que Publicados É feito em a eles mesmos Comercial. A partir de leste modo, a A redeAcontece de estar uma plataforma Antes de que uma significa média ou canal a partir de Comunicação.

51

A proposta dos criadores e desenvolvedores da Web 2.0 é melhorar permanentemente conscientemente esta nova arquitetura de participação onde você lê, ouve ou assiste, faz-se partilhando, socializando, colaborando e, sobretudo, criando. Aqui inovação surge a partir de Recursos distribuído em desenvolvedores Independente e a mudança é permanente. O conceito é que "Web 2.0 não é exatamente um tecnologia, mas a atitude com a qual devemos trabalhar para desenvolver na Internet. OU só constante devo estar a mudança, e em Internet, a mudança devo a partir de estar Presentemais com frequencia".

Nenhum formulários e sistemas a partir de a A rede 2,0

Podcast: Arquivo de áudio distribuído através de um arquivo RSS. No projeto colaborativo podcast.org (em Espanhol: http://www.podcast-es.org/) eu sei condensar tudo Está sobre este recurso: uma lista exaustiva de podcasts, informações sobre como faça, Programas.

Vocês tube.com: histórias vídeos e Permite, usando a código html, tu republicação leste inofensivo código permitido de milhões a partir de Blogue e publicações eletrônicos, inserir vídeos armazenado em youtube.com em deles ter publicações. O que é reeditado adquire gratuitamente e facilmente a capacidade de transformar automaticamente tu Publicação em multimídia e interativo. Para a distribuidor original (em exemplo Vocês tubo. com), a republicação Isso significa aumentar significativamente tu superfície a partir de Contato com Comercial potenciais em o _

Habilidades básico: aprender de Olhe para Treinamento, de aprender e de participar
De acordo com nenhum carro monroe (2005), a Habilidades de Olhe para Treinamento e aprender de aprender eu sei referir ao definir a partir de estratégias que permitir aprender de sair a partir de deles

Recursos próprios. Estes visam formar um aprendiz:

Permanente, posso a partir de aprender de Está comprimento a partir de todos tu tempo de vida e a partir de para adaptar de a mudanças;

Autônomo que utiliza seus recursos de forma autodirigida. Ou seja, alguém capaz internalizar orientações, recomendações e guias de outros especialistas e que de alguma forma como eles o acompanham;

52

Estratégico, que providenciar a partir de Recursos e a partir de conhecimento em ocupação a alvo de- Seguindo, e tomar decisões com base no contexto Aprendendo;

O que *autorregulação* (Supervisionar, tela) tu processar a partir de Aprendendo, beber decisõessobre o que, como, quando e onde aprender em cada momento;

O que aprender a partir de situações a partir de ensino não formal (museus, Programas a partir de televisãofilho, jornais, etc.).

O desenvolvimento de competências cívicas, por outro lado, centra o seu interesse najuntamente com conhecimentos, habilidades e disposições para contribuir para a convivência, participar democraticamente da vida pública e valorizar o pluralismo na busca de a Nós vamos Comum. OU integração a partir de a TIC ofertas oportunidades e Ferramentas poderoso- sass para formar cidadãos:

Informado e Comum visão crítica, baseado em o reflexo e ele argumentação;

Com uma atitude Aberto ao diálogo e respeitoso a partir de a diversidade;

O que participar em mofo ativo e responsável em a tempo de vida público?

OUTIC como objeto de estudo? Desenvolver a capacidade crítica.
Diferenciamos *informação* de *conhecimento* e apresentamos alguns critérios para avaliar as informações. Como vimos, trata-se de duas ações importantes, pois foi mentindo de assimilar a dois conceitos e O que mais eu sei existem superestimada a disponibilidade emacima da qualidade da informação. Apesar de tomar todas as precauções possíveis em a avaliação a partir de a confiabilidade a partir de a Treinamento, ainda Nós corremos a risco a partir de beber-ver a Internet como uma fonte neutra de informação ou simplesmente como uma ajuda ou recurso pedagógico. É importante pose perguntas perto de a partir de a interesses a partir de a autores e a partir dea formas a partir de representação a mundo que Está Treinamento difuso. É dizer, que tu- sugere David Buckingham (2005) – pesquisador e especialista em educação para a mídia–,a TIC eu devo estar Incorporado que objeto a partir de estude ao lado a partir de outras meios de

comunicação que aFilmes, televisão e rádio.

Um dos objetivos da educação aponta para o desenvolvimento da capacidade crítica. mas de O que significa quando o termo "crítico" é usado? O que distingue uma abordagem crítica de um acrítico? Quem define o que é acrítico?

Buckingham diz que o foco predominante da educação para a mídia está associado à"crítica" para desmistificar , *desmistificar,* tornar visível e alertar a ideologia em a limitações a partir de a Texto:% s meios de comunicação. leste posição É concebida em termospuramente negativos já que tu alvo É marca a deficiências a partir de a meios de comunicação (Amora- elas, ideológico, estético), e Visão implicar mostrar a partir de agora mesmo Nenhum escreve a partir de censura.

Que mais, em a prática eu sei produz de muitas vezes uma situação em a que só eu sei emprestaratenção de *uma* Leitura verdadeiramente revisão, que curiosamente tender de estar ou coincidir com a leitura do professor. Quando os alunos entendem que essa é a orientação andando que tirando a trabalho em meios de comunicação e TIC, inferir que acusar a limitações a partir de a meios de comunicação É a responder que eu sei Esperar a partir de elas. buckingham detém que já de sair a partir de aAos 10 anos, as crianças tendem a ser muito boas em identificar essas *lacunas* nos programas educacionais. OU televisão e que eu sei exposição críticos ao eu respeito. Sob leste foco e dadaísta a facilitarcom os quais os alunos aprendem que esta é a coisa certa a fazer, pode levar a em uma situação em que o professor se esforça para ensinar aos alunos coisas que elas acreditar que já Eles sabem. Em leste razão, buckingham detém que eu sei eles precisam formasanálises que não dependem de leituras "corretas". [35] Para isso, o O desenvolvimento de habilidades de pensamento crítico é sustentado quando há espaço para o que é pessoal, ao Participação interpretações, respostas e sentimentos subjetiva; de descreverExperiências diárias com a mídia e refletir sobre elas. Trata-se de promover um olhar mais analítico e reflexivo, buscando localizá-lo dentro de um mais espaçoso. Da mesma forma, é necessário estruturar o tempo e a energia envolvidos naensinar o pensamento crítico. Ou seja, adotar um ritmo de trabalho que permita a aluno a desenvolver o seu pensamento, dedicar tempo à reflexão, a questionar a experimentação de alternativas de solução na resolução de problemas, a avaliação de cargos, etc. Também é muito importante ensinar a transferência de Habilidades pensamento crítico para outras

54

situações e contextos.

Ensinar habilidades de pensamento crítico não é apenas analisar a construção da lógica do argumento, mas também como o significado é construído. através de a partir de a combinação a partir de a imagens e a Texto:% s, a percepção a partir de *Está que eu sei pode ser*

Dizê -lo a partir da leitura de gestos, conjecturas sobre *o não dito,* etc. Algo a ter em mente é o que Roger Cartier (2000) aponta:

"OU livros eletrônicos organizar a partir de caminho novo a relação Entre a o faremos-desenho animado e a atos, a organização e a argumentação, e a critério a partir de a prova. Escrever ou Leitura em É novo espécies a partir de livro curso dissolver a partir dea atitudes habitual e transformar a técnicas a partir de acreditação a conversas sensato, eu Quero dizer de a compromisso, a Observação ao pé a partir de página [...] Cada uma a partir de Está formasa partir de tratar a duração a partir de uma analisar eu sei reunir profundo mudado a partir de que a Autor eu posso desenvolve tu argumentação de acordo com uma lógica que não É necessariamente linear ou dedutivo, por outro lado Aberto e relacional, Onde a o leitor pode Consultar em ele mesmo a documentos (registros, imagens, palavras, música) que Eles estão a objetos ou a instrumentos a partir de a procurar. Em lestesenso, a revolução a partir de a modalidades a partir de Produção e a partir de transmissão a partir de Texto:% s É O que mais uma mutação epistemológico fundamental".

até até aqui ter considerado diferente elementos de aproximação a ensino a Eu pensei crítica na análise crítica e a crítica como gênero literário. Agora Burbles echamador (2001: 62) eu sei eles perguntaram que escreve a partir de Acesso de a TIC OK a dor ter, e eles respondem:

"É necessário focar a atenção na capacidade dos usuários de escolher, avaliam e analisam o que encontram lá [na internet]. acesso eficiente curso a habilidade e a Força de vontade a partir de Selecionar e Avalie a imenso cachorro-quantidade de material disponível e também a capacidade de ser ouvido e visto, contribuir com bom informações, ideias e pontos por sinal ter".

leste nós conversas a partir de complemento a *analisar* com a *Produção* em a trabalho com meios de comunicação eTIC Produção que eu sei fortalece com a

55

facilitar a partir de para postar que nós contribui a A rede 2,0 ea possibilidade a partir de ganhar presença em Internet estar uma fornecedor credível a partir de Treinamento. Quando eu sei desde o de a aluna oportunidades de para produzir, a maioria a partir de a vezes dar conta a partir de entendimentos sofisticado. Quantos ficar melhor conhecido eu creio conteúdo (novelas fotográficas, blog, vídeo, etc), ficar melhor será capaz Avalie a Recursos a partir de outras e agradecer a Nós vamos desenhos e a formulários imaginativo; será capaz distinguir elementos superficial a partir de a importante de formar opiniões independentes sobre o valor e a qualidade da informação, etc. mais, elas eles mesmos perceber uma valor adicionar em a Aprendendo Quando corre empregosprático, interagir com outras e Eles jogam com a formas e convenções a partir de a meios de comunicação e a partir deInternet. Em De outros lado, sim nós combinamos Está, em exemplo, com uma trabalho em a Treinamento a partir de realidade [36,] Até diferente formatos e meios de comunicação, nós seremos contribuindo de desenvolve Chamar a Habilidades os cidadãos. O que indicar bolhas e chamador (2001: 70):

"O que está em jogo aqui não é apenas a educação. você também tem queAssistir com a oportunidades trabalho, a aquisição a partir de Recursos cultural e entretenimento, interações sociais e, cada vez mais, informação e participação política".

Com todos os elementos desenvolvidos até agora neste material, parece claro que oaumentar a partir de a Habilidades a Eu pensei crítico devo aguentar a partir de uma modo mais

Em geral, e não restringir de a meios de comunicação a partir de Comunicação ou TIC OU Eu pensei crítico É uma atitude, uma provisão que Olhe para *rachaduras Percorrivel* em a conhecimento, problematizar,estar em *doença a partir de alerta.* Ensinar a Habilidades a Eu pensei crítico que significa que aestudantes compra conhecimento e, O que mais, faça-os entendi que a partir de a aproximação científico Eles estão provisório, que suponha uma inevitável Separar e que em a alcance a partir de aCiência eu sei para produzir encontros e confrontos a partir de teorias Obviamente, que professoreseu devo liderar É Voltagem e a requeridos gradualidade a partir de a ensino a partir de Aqueles tópicos eperguntas. Não nós esquecemos que a habilidade revisão que significa não dar qualquer coisa em sentado e mostrara Confusão, a dúvida, mas O que mais a curiosidade e a espanto.

56

Terceira chave:

Outras formas a partir de organizar a Treinamento,a partir de representar e a partir de narrar. Está audiovisual, Está multimídiae Está hipermídia

"OU racionalidade eu sei ligar de todos O que sótão, porões e entradas e saídas a partir de a mente,até agora negligenciado, Onde pular a emoções, a metáforas e a Imagine-nação". kieran egan, *OU imaginação em a ensino e a Aprendendo.*

Os meios de comunicação desempenharam e continuam a desempenhar um papel de destaque e emergência na configuração de estilos de vida, valores, modas, costumes, atitudes e opiniões DE através de a partir de a meios de comunicação eu sei Eles têm forjado níveis a partir de aspiração, Modelos a partir de SDI-Certificação e a partir de participação em a bola público, e uma novo lado de dentro a partir de conhecimento em porta de entradaelegante e atual. A televisão, em particular, oferece-nos muitaspara conversar na vida cotidiana. Somam-se a esse cenário as TICs e a velocidade com queque os adolescentes tendem a adotar novos dispositivos e serviços [37.] Como eu disse- Na linha "O importante é o chip, Mabuchi", abrem-se lacunas geracionais em a relação com a tecnologias e eu sei eles investem a documentos em a ensinar e a aprender. EmDe outros lado, de a clássico intermediação a partir de a livros e a professores em a Acesso ao cone-Fundação e a Treinamento, eu sei soma a relação direto que a aluna eu posso ter comas fontes, sua diversidade e suas formas multimídia e hipertexto. tudo isso juntoàs transformações que mencionamos nos diferentes traços, é o que tem contribuído Faz de formar uma "novo clima cognitivo e a partir de aprendizagem" [38,] em a que eu sei estragar

sequências e hierarquias, e em a que a Adultos sentir Ter perdido a no controle em aconteúdo de a Acesso crianças e homem jovem. OU lado a partir de a instituição escola Superior, Está eu seitraduzir em a diminuir a partir de tu influência cultural e ideológico em a Treinamento a partir de ainfância e a Juventude; Está Seu, em outras palavras, a "perdido a partir de tu hegemonia socializar-dor." [39] De acordo com a Professor tomasz Tadeu desde o silva (1998: 10), "O instituição oficialmente ao mando a partir de a lição de casa a partir de transmissão cultural condensar a espaço a partir de a crise que eu sei mofo em a confronto a partir de Está velho com Está novo". De acordo com a Autor, a dimensão cultural a partir de a crise a partir de aescola Superior eu sei Explique que a dificuldade a partir de reorganizar por ai a partir de uma Padrão cultural diferentea a partir de a modernidade que tu Ele deu origem e a estruturada no decorrer a século XX.

Já vimos que, embora as TICs tragam mudanças significativas no querefere-se à produção, armazenamento e circulação de informações, transferências formações substantivas de nosso tempo ocorrem nas formas de percepção e nas estratégias de pensamento, produção e aquisição de conhecimento, por um lado, e, por outro lado, ao abordar os problemas contemporâneos a partir de novas áreas de pesquisa, a indefinição das fronteiras disciplinares, a inseparabilidade a partir de a Ciência e a princípio moral e a partir de mudanças em a concepções, Começar e procedimentos a partir demuitos campos científicos. Compreender isso nos permite colocar as diferenças em perspectiva. Entre a práticas todos os dias por ai a partir de a meios de comunicação e a novo tecnologias e a Parque-tiques ter a partir de a instituição escola Superior. Vários vezes, tanto em a literatura especializadocomo nas percepções dos atores envolvidos, as relações escola-mídia comunicação ou escola-TIC e os jovens professores são apresentados como relações de oposição posição, em que as diferenças são polarizadas. A dicotomia se resume a associar o professores, a escola Superior e a cultura escrito, enfrentou de a homem jovem, a meios de comunicação, a TIC e cultura audiovisual e digital. Embora muitas vezes haja tensão, a abordagem de complexidade, e não simplificação, permite-nos reconhecer as dimensões e restabelecer a integração das TIC nas escolas no quadro da revolução epistemológica miologia contemporânea, do problema da mudança. Necessariamente, a chegada de meios de comunicação audiovisual e a TIC que significa *reorganizar* Hora, espaços, rotinas, feliz-dois, e formas de abordar o conhecimento. Trata-se de juntar e combinar para *integrar* das *velhas* tecnologias (quadro, giz, livros, cadernos e canetas) às *novas* com a final a partir de que emergir uma modelo ficar melhor. DE através de a partir de a integração a partir de meios de comunicação e a variedadedas línguas procura preparar os jovens não só para compreender e interpretar imagens (em geral), mas também para construir conhecimento de outras formas. Nós estamos Falando a partir de diverso formas a partir de conhecido, aprender e representar, a partir de Salas de aula mula-sensoriais e dinâmicas que permitem uma maior interação entre o

58

professor e o alunos e entre alunos.

Mais um passo para a "reforma do pensamento", como rim, é compreender a complementaridade da sensibilidade e da razão. Jerome Bruner (1997: 31), na perspectiva psicocultural, afirma: "Não existe dúvida que emoções e sentimentos são representados nos processos de criação significado e em nossas construções da realidade. adicionando mídia audiovisual e TIC facilita essa tarefa porque envolve trabalhar em outras lógicas: o que afetivo, a sensibilidade, a corpo. OU Imagem O que fonte a partir de Treinamento, O que modoconhecimento, envolve destacar as facetas da atividade mental, como analogia, intuição, pensamento global, síntese, todos os processos associados ao hemisfério direito.Correto. É importante enfatizar Está Ideias: Falar mais tarde a partir de *integrar* Recursos, Ferramentas,hemisférios, razão e intuição, e não a partir de *substituir* uma lógica em De outros nem máquinas em
pessoas. E fazê-lo com flexibilidade, porque "cada mente é diferente das outras e É uma perspectiva diferente perto de a mundo [...] Quantos mais alto estar a flexibilidade comque imaginamos como as coisas poderiam ser, mais ricas, mais novas e mais eficientes serão os sentidos que compomos". Kieran Egan (1999: 28-31 e 107), professor da Educador e autor destas linhas, diz que o desenvolvimento da imaginação é decisivo para o desenvolvimento da racionalidade. Para ele, "uma concepção de racionalidade que não vê a imaginação como sua 'antena' é estéril". Já levantamos: conhecimento o que está em nossa memória é acessível à ação da imaginação; nós só podemos acumular do mundo possível, Está É conceber me perdoe poder estar a material, a partir de Está que jánós sabemos.

A lógica de trabalhar com as TIC também convida os alunos a um processo coletivo e caracterizada por ter uma *finalidade produtiva* : um "trabalho", que envolve tarefas que devem ser ensinados formalmente, como projetar ideias, pesquisar temas, planejar atividades, preparar a experiência, exercitar construção coletiva do produto. Aqui falamos, por um lado, de interação em um espaço onde os alunos se ajudam, cada um de acordo com suas habilidades, e onde o professor facilita e incentiva os alunos a "andaimes" uns aos outros também. As obras coletivas, segundo Bruner (1997: 41), têm a característica de produzir e sustentar a solidariedade grupal, pois "criam no grupo formas *compartilhado* e *negociável* a partir de pense". [40] Em De outros, para produzir Reproduzir que significa "subcontratar",e com Está beber "uma *registro* a partir de nosso esforços mental,

59

uma registro que É 'foi-de nós" [...] que materializa nossos pensamentos e intenções de forma mais acessível aos esforços reflexivos" (Bruner, 1997: 42). As obras são as formas. materiais de pensamento. O simples fato de produzi-los implica um trabalho de ensaio, reflexão, avaliação, reformulação, pesquisa, intercâmbioe negociação, a partir de abertura de visão diferente e, de a Hora, a partir de suposição a partir de uma apontarpor sinal. Alguns o farão de forma mais consciente e comprometida, outros não. Tanto. Em que É importante dê a eles a chance a partir de refletir em a processar, "Pró-dirigir metacognições em a local de construção" e generalizar, de sair a partir de a experiência, com você parecea situações futuras. É como dissemos na chave anterior: existem certos tipos de compreensão que só é plenamente alcançada através da experiência de a produção.

Transformações substantivas em torno do conhecimento e das disciplinas; abrindo para De outros escreve a partir de conhecimento relacionado com a corpo e a sensibilidade; a chance a partir de Pró-produzir obras; Todas essas são questões centrais a serem consideradas ao trabalhar com TIC.Na sala de aula.

Nas seções seguintes vamos nos aprofundar em algumas particularidades das formas de organizar a Treinamento, a partir de representar e a partir de narrar que Introduzir a modos audiovisual-eles, multimídia e hipertexto. Além disso, destacaremos algumas das possibilidades a partir de Aprendendo que, que educadores, nós interessado promover. nos começaremos analisando separadamente elementos orais e visuais, já presentes no ensino, everemos como eles se reconfiguram com a incorporação das TIC. Por fim, apresentaremos o habilidades associadas a esses aspectos da mídia e das novas tecnologias queÉ precisa desenvolver: aprender comunicar agora colaborar.

OU oralidade

A oralidade é um elemento constitutivo das relações e das trocas na vida. todos os dias. OU conversas, a histórias, a canções, a rádio eles estão Nenhum a partir de a em s-troca de danças e transmissão oral. Podemos citar também a importância a partir de música para os jovens e para a construção de identidades.

A oralidade também é um elemento constitutivo das práticas escolares. A ordem-aniversário espaço a Sala de aula -O provisão a partir de a bancos e lousas - forneceas condições de uma organização da fala e do silêncio. Por exemplo,

60

bancos eles se alinham um atrás do outro de frente para a lousa e o professor indica a centralidade espacial e simbólico disso, que organiza os turnos da fala. Também vemos que providenciar a bancos a partir de caminho que a estudantes Formato os pequenos grupos ou uma círculo grande entre todos implica uma proposta diferente de discurso e troca.

OU voz a Professor ele segue estar uma importante significa média a partir de transmissão a conhecimento.Pensemos, por exemplo, no ambiente universitário e formativo (conferências, dissertações, desenhos, painéis, conferências). esta oralidade [41] tem características semelhantes ater a partir de a sociedades sem escrevendo em Quantos de tu misticismo a partir de a participação, a senso-Faz comunidade, tu concentração em a Presente e até a trabalho a partir de fórmulas Mas eu seiÉ uma oralidade mais formal, baseada no uso da escrita, material impresso e mesmo de TIC

A oralidade não é apenas o espaço onde predomina o auditivo, mas onde ele se situa em Eu jogo o corpo e as habilidades para ler o não-verbal. para o especialista em comunicação e cultura Anibal Ford (1994: 37), "oralidade, narração, co- comunicação não verbal estão em si e em seus conflitos e relações com a escrita e argumentação, no centro dos processos de construção de sentido em nossa cultura. certo." Estamos em uma cultura onde narrar, relembrar por meio de narrações, exercitar e Avalie a percepção não verbal, argumentar de através de a partir de a ação e a caso de percebera realidade com a corpo ter uma Forte Peso. A partir de acordado com Martinho barbeiro e alemãoRei (1999):

"O que temos que pensar é a relação profunda, a cumplicidade e complexidade das relações – que está ocorrendo atualmente na América Latina entre a *oralidade* que perdura como a experiência cultural primária da *visualmente* tecnológica, essa forma de "oralidade secundária" que tecer e organizar a gramáticas tecno perceptivo a partir de a rádio e a Filmes,vídeo e televisão. Pois bem, essa cumplicidade entre a oralidade e o visualnão se refere ao exotismo do analfabetismo do Terceiro Mundo, mas ao persistência a partir de Strata profundo a partir de a memória e a Mentalidade coletivodestacada por mudanças repentinas da tecelagem tradicional que a própria aceleração modernizadora implica".

Assim, podemos perceber a densidade cultural da oralidade e da narração e tomá-la O que quadro, quadro de tu Recuperação O que modelo cognitivo em a

61

propostas a partir de Ensinar-Uau Para Bruner, a narração É uma mofo a partir de Eu pensei e uma veículo de a criaçãoa partir de senso essencial em a Constituição a partir de a romances. De acordo com leste Autor, "O habilidade

construir narrativas e compreender narrativas é crucial na construção narrativa. nossas vidas e construir um 'lugar' para nós mesmos no mundo possível que vamos enfrentar". Tal é a importância que Bruner dá ao trabalho com narração, que retomar:

"Um sistema educacional deve ajudar aqueles que crescem em uma cultura a encontrar uma identidade dentro dessa cultura. Sem isso, eles tropeçam em seus esforços para alcançar o significado. apenas no modo narrativo momento certo, pode-se construir uma identidade e encontrar um lugar na cultura ter. OU escolas eu devo cultivá-lo, alimentá-la, sair a partir de em em Claro".

Egan (1999: 107) comenta: "na educação temos dado um lugar de destaque ao conceito de descontextualizado, e Visão que ter esquecido Faz clima Está que a meios de comunicação a partir de co-munição mais poderoso a partir de nosso história cultural de a partir de manifesto com clareza: que a Imagem afetivo É decisivo em a Comunicação a senso e a partir de a senso".

permanece assim fronteira a relação Entre Educação, oralidade e narrativa de eu posso Introduzir-circule algumas linhas de trabalho com TIC

OU diferente meios de comunicação a partir de registro sonoro (gravadores a partir de Áudio, vídeo, discos compactos e DVD) Introdução produzir oportunidades interessantes na dinâmica da oralidade na escola. pode ser usar gravadores de voz digitais, música e sons para se aproximar alunos a:

• técnicas de observação científica, coleta e análise de informações: captura de sons ou ruídos (a partir de uma ecossistema, a partir de uma meio Ambiente urbano ou a partir de animais, em exemplo), de depois mostre e explique-os;

• a registro a partir de fezes oral, de através de a partir de entrevistas, em a quadro, quadro a partir de procurarna área de ciências sociais;

• OU Produção a partir de conteúdo digital oral que eu posso difuso em

Internet. Em Ahem- enredo, a apresentação, Explicação e debate a partir de Notícias a mês relativo de diferente áreas: achados arqueológicos, fenômenos climáticos, problemas ambientais, política, cientistas, Social, etc eu sei Eu posso, R) Sim, apontar de a aprofundando a partir de uma tema tratado ema Sala de aula, de através de a partir de a execução a partir de uma entrevista de uma profissional especializado em a área, uma enquete, uma debate, etc, com a motivação a partir de propagação em Internet ou visão [42] _

OU século XX É inconcebível sem a papel estrutural e constitutivo sumo em a imagensa partir de a iconografia científico, a partir de a Fotografia, a Filmes, a partir de a televisão, a partir de a de Anúncios ea partir de as novas mídias digitais.

Qualquer reflexão sobre qualquer meio de expressão (textos escritos; histórias pessoais) diários jornalísticos e de navegação; representações gráficas, cartográficas, pictóricas; fotografia, cinema, etc.) a questão fundamental da relação específica que existe entre o referente externo e a mensagem produzida por esse meio. É sobre a questão de *boas maneiras de representação*

No que diz respeito à fotografia em particular, podemos dizer que existe uma espécie de consenso eu respeito a partir de que a real documento fotográfico *colheita conta fiel a masculino-do* _ A credibilidade da imagem fotográfica baseia-se sobretudo na consciência que eu sei ter a processar mecânico a partir de Produção a partir de Está Imagem. OU FotografiaA fé, antes do bom senso, *não pode mentir.* A foto é percebida como uma espécie de prova que, sem dúvida, atesta a existência do que mostra. a necessidade de *Assistir de acreditar* eu sei reunir lá satisfeito. Está que Nos vemos em uma Fotografia É *verdade,* uma fragmento da realidade, algo que existe ou existiu antes da lente da câmera. OU a fotografia jornalística é um documento cuja veracidade não duvidaremos a priori.Sem embargo, tu valor documentário, um testemunho, eu sei presentes em a presente em uma DobroJogar: em uma lado, qualquer um que ter uma Câmera eu posso Check-in eventose carregá-los em sites de jornais da Internet. E, por outro lado, é fácil, graças ao digitalização, retoque e manipulação da imagem.

Interessa-nos salientar que isto não é novidade e para isso é necessário registar esta dupla Reproduzir em uma enredo cultural e Social. Força de vontade, mais tarde, uma rota histórico limitadopelas diferentes posições de críticos e teóricos da fotografia a partir de leste Começar a partir de realidade. [43] Vamos a ver que tendo em vista a difusão Social a partir de novo tecnologias dinâmicas semelhantes às que vemos se desenrolar hoje. Entre elas, a sentimentos encontrado testa de a percepção a partir de a mudanças, e a precisarreordenar o espaço cultural e social.

Fotografia que espelho ou que transformação dele real?

fotografia como espelho da realidade começou a surgir como uma ideia desde o início Século 19. Declarações (a favor, contra, contraditórias, controversas, irritantes) sim está) em a Fotografia eles compartilharam a concepção a partir de que Seu, em comparação com aquadro, Armação, foi *a imitação mais Perfeito a partir de a realidade.* leste habilidade mimético a adquiridoa própria natureza técnica do procedimento, que foi considerado para trazer à luz imagem *automaticamente, objetivamente,* quase *naturalmente,* sem a intervenção *da mão do artista.* Naquela época, a percepção social era de que a mutação técnica era enorme, eEstá acordado com medo e fascinação de a Hora. Houve, O que mais, visões otimistas que EC-trabalho a libertar a Arte a partir de a funções Social e Serviços de utilidade pública até que horaexercido em a quadro, Armação, que de sair a partir de mais tarde faria beber em a Fotografia. Em Estátempo de mudança de papéis, aconteceu algo que hoje definiríamos como *reconversão de a Profissões:* ancestral pintores de retratos eles passaram de estar fotógrafos É O que sim tendo em vista uma novo?

A aceitação da tecnologia dependia do esclarecimento de suas áreas de interesse. Nesse mais tarde, a papel a partir de a Fotografia consistiu em guarda a pegadas a passado e ajudarciências em seu esforço para compreender melhor a realidade do mundo. seu papel foi documentário, a partir de referência, a partir de registro e extensão a partir de a possibilidades a partir de a Vejohumano. Era considerado *um assistente de memória* ou a *simples testemunha do ocorrido.doença.* OU Arte, Está imaginário e a criação se manteve reservado de a quadro, Armação. eu sei oposição,R) Sim, a *neutralidade a dispositivo* ao *produtos subjetivo de a sensibilidade a artista.*

Dois séculos mais tarde nós nós perguntamos em que tanto mais tarde O que Hoje dia É assim importanteestabelecer ou definir espaços de ação para tecnologias

64

emergentes. É uma forma de reorganizar e dar Lugar, colocar de Está novo? É uma mofo a partir de resistência tendo em vista a mudança? Éa expressão de uma luta de poder pelo espaço simbólico e cultural e pela diferençaencontro social?

fotografia como transformação da realidade é a ideia que aparece fortemente na século XX. eu sei adverte que a Fotografia É eminentemente codificado. A partir de a psicologiapercepção e análise de tipo ideológico, argumenta-se que a semelhança com o a realidade é uma convenção social, uma criação arbitrária, cultural, ideológica. disso forma, não pode ser considerada como um espelho porque pressupõe transposição, análise, interpretação, até, transformação a partir de Está real. Em mais tarde? Em Começar, Por que ofertas uma Imagem determinado em a ângulo a partir de visualizar, a distância com eu respeito ao objeto eo quadro Há um *olho* que seleciona o que pode ser fotografado e toma decisões. de um analisar ideológico eu sei para discutir a fingido neutralidade a partir de a Câmera e a objetividade,uma vez que expressa uma concepção particular do espaço: a perspectiva renascentista. Ade-Além disso, o significado das mensagens fotográficas é construído culturalmente, não impõe como teste para cada receptor: certos códigos de Leitura. Com isso, questiona-se o valor de um espelho, de um documento exato, de semelhança. Infalível. Então, em mais fiel que estar uma Imagem de transmitir Treinamento visual,a processar a partir de seleção para todo sempre irá revelar a interpretação que tu Autor É feito a partir de Estáque considerar relevante.

Em a presente a Fotografia eu sei usar com diverso termina: cientistas, jornalístico, Faz-comensais, expressivo -artístico, pessoal-, membros da família, jurídico, ilustrativo, etc

Vocês interpretação É uma habilidade importante de aprender, assim que reunir a oferta-existem e limitações a instrumento. Em a escola Superior, ao para produzir e usar Fotografias, Estáconsiderações eu devo estar o ensino. É importante saber a partir de que modos eu sei eles usamnas ciências e nas artes. Por exemplo, em biologia, câmeras fotográficas e de imagem. vídeo serviço que ajudantes de a Observação, a registro e a documentação. Emensino, a microscopia é amplamente utilizada na ausência de instrumentos de observação sofisticado. Na área das ciências sociais, embora sejam usadas como testemunho ou documento, existe simultaneamente uma espécies a partir de *doença a partir de alerta* em a apontar a partir de verapelidado em a fotógrafo. OU usar intensivo a partir

65

de a Fotografias em a pressione escrito de cume- fralda a Texto:% s existem em profundidade a precisar a partir de não perder a partir de ver Está perguntas.

Considerando as possibilidades documentais e a característica de ser atravessado porcódigos, apresentamos abaixo algumas linhas de trabalho para utilização das câmerasdigital:

•   Exploração a instrumento. Experimentação a partir de códigos. Analisar a partir de a Fotos. Exercício-compromisso em diferente Definições e ângulos a partir de Câmera com a final a partir de para produzir uma mensagem concreto de uma recipiente definido. Em em geral, em a Primeiro teste eu sei para produzir

erros Fundamentos, em a senso a partir de que a Fotos não eu sei partida com Está que eu sei tentouou o que eles pensavam que eram.

•   pós-produção a partir de a Imagem fotográfico. sim eu sei conta com uma Programa a partir de edição a partir de imagens, você pode experimentar diferentes tipos de *retoques.* A partir daí discuta sobre o valor documental, a divulgação dessas práticas em revistas de entretenimentoe anúncios, considerações éticas, etc.

eu sei você pode usar as câmeras como suporte a observação científica:

-   Capturar imagens em momentos diferentes que marcam uma sequência no fenômeno estudado, por exemplo, na área de biologia, a germinação de um sementes dicotiledôneas, a eclosão de um ovo, a mudança de de acordo com as estações do ano, a fermentação do leite, etc.

-   Capturar e registro a partir de imagens ilustrativo, em exemplo, no decorrer uma para experimentar-de (uma reação química "visível" -mudança a partir de Cor, Produção a partir de gás, etc.- umatitulação, crescimento de cristais, etc.).

Estas são apenas algumas das abordagens possíveis. O que os outros imaginam? Aquelas pessoasou Recursos documentários poder estar consultado de prolongar a perspectiva e ajudar dedesenvolve Novas ideias?

66

OU esquemas

Em a separou anterior Nós falamos a partir de modos a partir de representar e nós desenvolvemos a caso a partir de fotografia em relação ao grau de semelhança com o que ela representa. Agora, Vamos pensar sobre as fotos em diferentes níveis de abstração.

A esquematização consiste em uma ação de redução progressiva da complexidade a partir de a fenômenos e, reciprocamente, uma aumentar progressivo a partir de a Treinamento visuais". [44] A informação visual é uma operação de abstração e conceituação que é cristaliza em um esquema gráfico. Nesta operação, determinados tipos de informação são filtrados. dedo do pé a partir de Está real e eu sei código a partir de uma modo mais Internet e simplificado só a Recursosinteressados Os desenhos anatômicos de Leonardo da Vinci são os primeiros exemplos. Dá-nos a supressão deliberada de certas características por uma questão de clareza conceitual. Os mapas também têm essa função de abstração.

Deve ser lembrado que este tipo de imagens tem sido utilizado no ensino desde a Origens dos sistemas educacionais modernos. *Orbitas sensualium pectus* ou *O mundo confidencial em imagens,* a pensador morávio João amós comenius (Hersey melancólico,1592 - Amsterdam, 1670), é o primeiro livro ilustrado para fins educacionais. em um profissionalpublicação, Johann Heinrich Pestalozzi enfatiza a importância do uso de objetos natural em a ensino com a final a partir de Conseguir a conhecimento a partir de a material em a materialeles mesmos. No entanto, aceita o uso de folhas ou modelos que substituem a natureza. real Na época, pensava-se que não havia diferença cognitiva essencial entre imagem desenhada no papel e a imagem visual do objeto real, pois ambas veio à mente como representação. Objetos e imagens, como substitutos pictórico a partir de a objetos, elogio, Assim, uma papel central em a aumentar a partir de a faculdades

Mental, Por que representado a origem autêntico a partir de tudo conhecimento real. Semembargo, a maioria dos usos recentes indicam um mudança de destino:

"As imagens estavam envolvidas na sala de aula. Mas mãe- Principalmente como

67

suporte informativo, 'testemunho' da tarefa ou indicador de regras ou eventos. Esta não era a hierarquia que eles tiveram por três séculos. Sua missão era diferente. Sem uma teoria para apoiá-los, eles permanecem com o uma significa média assistente de providenciar Dados a mundo de estude ou colaborar em a organização de classe. A imagem gráfica, por ser a mais utilizada, mente, não faria já 'O objeto' que poderia causar a representação em a espírito ou a mente Quando a termos não permitiria ou eles vão aconselhar a Contato direto. A imagem agora serve como texto para fornecer informações, Apoio, suporte informações de outro tipo ou organizar informações [...]. quatro cinco

Nos dias de hoje,

[...] na escola surgem novas formas discursivas: enciclopédias, livros, revistas e jornais passam a ocupar um lugar importante e novo imagens a partir de uma escreve e uma valor bastante diferente ao que caracterizado aos conselhos escolares. O conselho escolar, que poderia ser descrito como 'realidade descontextualizada', é diluída com a entrada de 'realidade' e 'o conhecimento' através da apoia não educado inicialmente (Fotos, Filme (s, e programas de computador)".

De outros escreve a partir de delineando eles estão a gráficos ou diagramas que exposição relações que originalmente não eles estão efeitos visuais, por outro lado temporário ou lógico. A exemplo É a árvore gene-lógico, 1 a partir de a mapas relacional mais ancestral que nós sabemos, Onde uma relação que poderíamos explique que "Seu a mulher a partir de uma primo segundo a partir de eu mãe fomentar" pode ser visto rapidamente. Qualquer que seja a conexão, o diagrama será colocado diante de nós olhos o que uma descrição verbal poderia representar com uma série de declarações. Nesse sentido, a esquematização parte de elementos abstratos (conceitos, dados, processos, etc.) para produzir a informação visual.

Em Educação, a esquemas eles estão conhecidos O que mais O que *organizadores gráficos*. Está ferramenta-Tempo efeitos visuais nós permitir exposição regularidades, relações, alternativas a partir de ação; exposição dados e processos; descrever objetos e lugares; estabelecer relações entre ideias; resumir, facilitar interpretar e compreender as informações. Algumas das mais utilizadas são: tintas sinóticos, diagramas,

68

fluxogramas, linhas do tempo, mapas conceituais, redes, etc.O critério mais importante para decidir que tipo de organizador gráfico usar é definir o modo a partir de representação em ocupação a partir de a lição de casa cognitivo: sim a lição de casa É entendi uma causalidadeou comparação, a Esboço, projeto visual devo contribuir de Mostrar com clareza.

é multimídia

Existe Vários Definições a partir de multimídia. OU finalizado "multimídia" eu sei usado já Antes dea partir de a computador. eu sei empregado de descrever produções que integrado projetoresa partir de apresentação de slides, monitores a partir de vídeo, gravadores a partir de Áudio, projetores a partir de Filmes, Entre

Outras, de beber Correto efeitos através de a combinação a partir de imagens e sons também ter doença usado em relação com Programas a partir de Educação de distância ou a partir de ensinoa partir de línguas que incluído diferente meios de comunicação a partir de transmissão que rádio, televisão, etc A partir de láa Nome "Programa multimídia". De outros senso a Nós encontrámos em a "pacotes multi-um meio" de a ensino. OU "pacote" incluído materiais impresso com texto e imagens,fitas a partir de Áudio, cassetes de vídeo Ao difuso a computador pessoal, começa de falar um com o outro a partir de "Informática multimídia" O que uma tentou a partir de combinar a meios de comunicação audiovisual com textos e Fotografias de eu creio uma novo significa média em a tela a partir de a computador.

As características mais importantes são: a presença de mais de dois meios ou logia das informações (textos, slides, fotos, vídeos, gráficos, áudio, etc.), e a interligação, combinação e integração destes meios. O resultado final não é soma de cada um menos um produto totalmente novo.

Neste módulo, mencionaremos apenas o uso de criadores ou editores de apresentação. AquelesEles estão ProgramasCientistas da computação que herdado Nenhuma a partir de a Recursos e formulários que tendo em vista-faz pouco Eles tinham a apresentação de slides ou transparências A partir de feito, eu sei usar a finalizado "escorregar ″ , em Hora a partir de Páginas, de Nome a unidades que Inventar uma apresentação. UMA a partir dea Beneficios a partir de a Programas a partir de apresentações É que permitir inserir em a apresentação de slidesdiferente *objetos* , tal O que Texto:% s, imagens,

69

gráficos, material sonoro, música e atésequências fílmico DE cada *objeto* eles podem aplicam-na, Que mais, efeitos a partir de animação.

As apresentações são um tipo especial de documento, com características próprias. UMAO slide da apresentação não é uma página de um livro que você escreve e escreve. Guetta com grande detalhe. Apresentações são usadas para exibir informações sobre curto e direto. Isto implica um grande trabalho de síntese por parte daqueles que elabora, resume e expõe apenas os dados necessários. Também envolve trabalho seleção de material gráfico que acompanhará as informações.

É importante definir o contexto em que a apresentação será lida. O primeiro seguirá?posição de um alto-falante? será distribuído ou compartilhado através Internet?

OU apresentações eles podem estar a partir de dois tipos: linear ou interativo. OU Primeiro eles estão aqueles cujo apresentação de slides eu sei acontecer em uma solicitação exclusivo e predefinir a partir de a Primeiro até aMais recentes. Eles estão usado de para acompanhar ou complemento uma exposição oral em uma tema determinado. OU interativo Eles estão O que em que É possível escolher qual deles É a Treinamentoque eu sei quer Assistir; a leitor a partir de a apresentação a ele de escursão, turnê em significa média a partir de conexões, como se Eles eram navegação em Internet. A partir de É mofo, cada leitor eu posso Faz uma rota a partir deLeitura próprio, a partir de acordado de deles interesses. Levar a cabo leste escreve a partir de apresentações É possívelObrigado de a habilidade a partir de para elaborar hiperlinks Entre a diferente apresentação de slides.

A proposta de incluir a realização de um projeto multimédia (com um editor de pré-visualização)sessões) em papel a partir de a estudantes de aprender em uma determinado conteúdodeve contemplar, em primeiro lugar, a proposta de um propósito específico em que o Treinamento compra senso. É dizer, em Hora a partir de gerar uma *Compilação ilustrado* ,a lição de casa ele deve candidatar-se a que interpretar, explique, Aplicar Tempo expor tu apontarpor sinal. Este processo interpretativo requer decidir como representar a informação (com textos, gráficos, fotos e vídeos, áudio). Por exemplo, eles podem propor soluções para um problema específico, para fazer um relatório para um congresso ou para ser apresentado uma autoridade municipal, etc. Em seguida, os alunos devem ser

70

incentivos a:

- beber decisões perto de a escreve a partir de Treinamento requeridos de suporte suporte a soluções

Isso eles conseguiram. Se houver apenas uma resposta correta, se não for necessário seletivo, a exercício eu posso tornar-se em uma exercício a partir de Tribunal e colar. OU estudanteseu devo Acesso de a Treinamento, vire-o e traduzir o quatro providenciar razões sólido- você dá que para manter a conteúdo e a organização a partir de deles produtos multimídia.

- Encontrar e coletar as informações mais importantes e interpretá-las no ambiente que Eles estão usando.

- Ordem a Ideias, a Participação em tópicos mais reduzido de cada slide; definir arelação Entre estão, tu organização e seqüência; escolher a topo imagens de ilustrar a apontar que quer marca. leste processar contribui de entendimentos diferente a tema.

- Analisar a formas a partir de complemento a apresentação de slides com a usar a partir de folhas de trabalho a partir de Cálculode registrar e ilustrar os dados coletados graficamente.

- Introduza complexidade com estruturas não lineares (apresentações interativas) quepermitir Organize diferentes passeios de leitura.

OU usar a partir de Aqueles Programas Permite a prática a partir de técnicas a partir de relatório, divulgar informação e comunicação avançadas. São ferramentas que podem ser usadas desenvolver documentos, catálogos ou exposições multimídia (com fotos, *colagens,* vídeos, arquivos MP3, etc.). Estamos falando, então, do uso de *sistemas mais suporte físico* representar, de maneiras diferentes, conhecimento.

hipertexto, hipermídia
O hipertexto é uma estrutura baseada em computador para organizar

71

informações, que Faz possível a Conexão eletrônicos a partir de unidades textual de através de a partir de Links no interior a mesmo documento ou com documentos externo. [47] hipermídia faria a combinação a partir de hipertexto com multimídia. OU A rede teria, de acordo com É definição, uma Formato hiper auto-dia, embora nem tudo o que ali se publica tenha essas características.

DE pesar a partir de que a diferença Entre Está Definições É Claro, em a prática, a data limite-meu hipertexto foi generalizado com grande força sendo usado indistintamente tanto referem-se ao hipertexto no sentido estrito como hipertexto multimídia, ou seja, hipermídia – já que praticamente não há mais hipertextos formados por um único texto. Chamar.

Algumas funcionalidades:

Nem todo texto digitalizado é hipertexto, pois consiste em links entre elementos. Elementos internos ou externos. Quando o link se enrola em si mesmo, temos um hipertexto limitado ou limitado (como CD-ROMs). Quando é externo, temos horizonte a Todo o site.

•   ter diferente graus a partir de linearidade em a hipertextos. Em uma lado, Vários hipertextospode ser ainda mais rígido do que o próprio texto tradicional, obrigando-nos a passar caminhos predeterminados. No outro extremo, o autor pode fazer os caminhos complementam ou excluem um ao outro e você pode pular de um para outro escolhendo a ordem dos Leitura, a partir de caminho tal que a decisões a leitor para determinar a aumentar a partir de a história(em ficção) ou ponto de vista escolhido (na não-ficção).

•   OU Não-linearidade (ou não sequencial) não É uma funcionalidade inerente a hipertextopor outro lado uma possibilidade organizacional. OU hipertexto ter a vantagem a partir de ir mais lá a partir de a linha-qualidade da maioria dos textos impressos, sem implicar que tal qualidade seja essenciais, embora impossíveis de obter em textos impressos, livros como Amarelinha de Julio *Cordozar* (1963) ou filmes como *Brilho Eterno de uma mente sem memórias* (2005, dirigido por Michel Gundry) *Run Lola, run* (1998, gerenciou em Tom funileiro) e *OU Está feito borboleta* (2004, gerenciou em Eric

72

Latão e j Mac-chave inglesa Grubber).

• O hipertexto, do ponto de vista do leitor, é um documento eletrônico no qual que a Treinamento eu sei presentes em mofo a partir de uma Internet a partir de nós e conexões. Escolher Entre 1ou o outro sempre implica um cálculo prévio sobre o que podemos encontrar do outro por um lado, uma antecipação que, por um lado, é cognitiva (em relação ao que é lido) e, por outro, De outros, ter uma resultado mecânico, já que eu sei doces a partir de para mover a *Mouse* e Ativar uma zonada tela

• O hipertexto, do ponto de vista do autor ou produtor, é um sistema de escrita ramo que oferece um ponto de partida e diferentes caminhos para seguir seu conexões. OU hipertexto requer a Autor uma trabalho adicional eu respeito a partir de Está que Faz uma Autor tradicionalmente ao Mandar material de a imprimir, Por que a conteúdo -Que mais a partir de estar trabalho estilisticamente e retoricamente- devo estar organizado hipertextualmente.

ele pode dizer, mais tarde, que a hipertextualidade ter Recursos que processar uma novo compreensão a texto que eu sei Leitura e uma definir diferente a partir de estratégias de a escreve- real, e em Está tanto ofertas uma lado de dentro a partir de oportunidades de a intervenção educacional.

Não linear -Tabular

A não linearidade é uma possibilidade organizacional do hipertexto. No entanto, para cristão Vandendorpe (2003), definir uma finalizado de sair a partir de uma negação ou ausência propriedade não é totalmente precisa. Descreva a oposição à linearidade propõe o termo "tabularidade", que vem do francês *tableau* (tabela) e representa a analogia Entre a caminho em que eu sei "Leitura" uma quadro, quadro e a Leitura a partir de uma texto.

Enquanto a linearidade se refere a uma série de elementos ordenados sequencialmente essencialmente e essencialmente dependentes da ordem do tempo, lugares de tabularidade Eles manifestam a possibilidade de que o leitor "acesse os dados visuais na ordem em que escolher, delimitando a partir de Entrada

73

a Seções que tu Eles estão interessados".

Com só pensar em a diariamente e me perdoe presente a Treinamento, eu posso dano conta-OK a partir de que a tabularidade É Bastante mais ancestral a partir de Está que Comumente eu sei acreditar. Coma aparência a Diário e a pressione a partir de excelente lançar, de sair a século XIX, e especialmentedepois que os títulos de página inteira aparecem, o texto sai da linearidade palavra original a ser apresentada em blocos visuais que respondem e complementos na superfície da página, como se fosse um "mosaico de texto", na metáfora de Marshall McLuhan. O design é "guiado não por lógica a conversas por outro lado em uma lógica espaço." "O Montante a partir de colunas, a tipo de letra- imagem, a posição das ilustrações, a cor, permitindo assim aumentar ou diminuir o zoom, selecionar e unidades desconexas que, no jornal, são unidades informativas. o agrupamento para rezar mais tarde O que uma retórica a espaço que reestruturar a solicitação a conversas (sua lógica temporal) para reconstituir um discurso original que, justamente, é o conversas a Diário".

No nosso tempo, não há dúvida de que a tabularidade corresponde a um requisito a partir de organização a partir de a Texto:% s a partir de escreve informativo, a partir de caminho a partir de permitir uma apropriado-andando assim eficaz O que estar possível. indiscutivelmente, tu ocupação primário É esperao leitor cuja atenção é instável ou momentânea, contrária à de uma organização organização linear, que visa um "leitor de fundo". Mas também é muito conveniente. para a comunicação de informações variadas que podem ser selecionadas de acordo coma interesses.

Visto dessa forma, o texto impresso não depende mais exclusivamente do ordem linear, mas tende a integrar algumas das características de uma pintura varrida pelo olhar do leitor em busca de elementos significativos. Então isso pode saia do encadeamento de texto para ir diretamente ao elemento relevante. Portanto, um local de construção É Chamar tabular Quando Permite a implantação, desenvolvimento em a espaço e a manifestação simultâneo a partir de Vários elementos que eu posso comparecer a partir de ajuda ao leitor de identificar deles articulações e reunir Está mais rapidamente possível a em formação que tu eles interessam

74

De acordo com vandendorpe, a noção a partir de tabularidade, Que mais a partir de representar uma modo enterrar-indisponibilidade de dados, refere-se a duas realidades: "tabularidade funcional", expressa pelos resumos, pelos índices, pela divisão em capítulos e parágrafos (meios de ordem organizacional que facilite o acesso ao conteúdo do texto); A "tabularidade visual" lacre", que permite ao leitor ir da leitura do texto principal às notas, glosas, figuras, ilustrações, todos presentes no espaço duplo da página. este ta- clareza está presente em jornais e revistas, altamente desenvolvida na tela (páginas web ou CD-ROM). Para se adaptar a esse tipo de tabularidade, o texto é trabalhado comouma material visual.

Habilidades básico: aprender de comunicar e de colaborar
eu sei se refere ao definir a partir de estratégias de eu posso comunicar com outras de através de a partir de dispositivos.

Ser capaz de comunicar através da linguagem específica da disciplina.

Use meios diferentes para se comunicar.

• Estar posso a partir de aprender em mofo cooperativo e colaborativo, Está que requer ensino sistema- massa de vidraceiro e rigoroso, Nós vamos não eu sei dar para espontaneamente. É importante Conseguir a comunidade a partir deobjetivos, reciprocidade nas relações, interdependência, mesmo diante da assimetria deconhecimento. eu sei doces a partir de uma trabalho permanente com outras formando redes a partir de conhecimento.

A partir de inclusão, exitos, chaves, oportunidades e Projetos
Pensar a TIC O que política a partir de inclusão, refletir em a exitos a mundo Atual, Leitura a chaves de a integração a partir de a novo tecnologias em a Sala de aula e nos faça novoperguntas e construção de posição fazem parte do propósito deste módulo. até até Agora pegamos os diferentes temas e tentamos identificar dimensões, perspectivas, interpretações. Buscamos refletir sobre o novo e a mudança; desenhar linhas continuidade e ruptura. As "Oportunidades para gerar cenários de apropriação de TIC" que apresentamos na seção a seguir completará um de a partir de integração a partir de a novo tecnologias que contemplar e fomentar a Leitura a partir dea complexidade do mundo, a densidade cultural,

75

social e política do sujeito, e a contextos especificidades da ação.

Aprenda o que os outros pensaram e pesquisaram, discuta com autores, fique conectado a partir de Está que Acontece -e, de a Hora, estar consciente a partir de que Está nós fazemos de através de a partir de a Vejo a partir deoutros e a história que eles montaram -, para trocar ideias e opiniões com nossos colegas, alunos, amigos, etc., nos ajuda a desenvolver posições – pessoais, teóricas, metodologias – e imaginar futuros possíveis. Entendemos também que as percepçõestoons do presente mudam quando olhamos para o futuro e *projetamos* cenários de compreender as forças em jogo. Dessa forma, essas *visitas ao futuro* pressupõe uma leitura intencional do contexto, uma construção do problema e uma proposta de intervenção. São temas críticos e *criativos* (Giordano, 2002), posso a partir de interpretar e para produzir algo novo, compreensão Está "novo" O que que que introduz componentes que não existiam antes, mas também como o que modifica e reorganizar o que existe.

Em um sentido mais amplo, o *projeto* representa um aspecto central no processo de constituição do sujeito, ou seja, a capacidade de definir um *projeto de vida*. Ensinar também faz parte de um projeto de vida e, por sua vez, da instituição escolar -entre outros - sustenta e orienta o projeto de vida das novas gerações. Zona Moreira(2001) diz: "Nosso momento atual é de consciência de que o futuro é responsabilidadehabilidade a partir de a nós habitamos a Presente". Em leste quadro, quadro a partir de Apesar de, a decisõesque Nós tomamos eles estão para todo sempre decisões princípio moral. E a decisões princípio moral eles estão complexo, Nós vamosEles não envolvem apenas questões de bom e ruim. Eles assumem uma *integração* de três dimensões: a *racionalidade* dos objetivos – educacionais, políticos–, o currículo e as plantações; sensibilidade para com as pessoas, o que elas pensam, sentem , deles desejos, deles precisa de, deles preferências, tu miragem, tu desânimo, deles aspirações;a perspectiva que inclui o *contexto* É para longo *prazo*

De todo esse material, emergem diretrizes claras para gerar propostas de ensino com componentes de TIC. Estes são projetados como uma estrutura comum abertainacabado e que *se* concretizará quando for elaborado com os professores, na escolas.

Como temos vindo a propor ao longo do módulo, para a integração das TIC na

76

trabalho escola Superior resultado requeridos refletir em a relação Entre tecnologia, pessoas e conhecimento a partir de uma perspectiva complexo que integrar Está gnoseológica, Está comunidade nacional, Está psicológico, Está Social e Está didático. Em a presente, a modos a partir de Acesso de a Treinamento e ao conhecimento Eles estão múltiplo e diversos. OU escola Superior, mais tarde, ter importante papel no ensino dos processos sistemáticos de descoberta, seleção, ção, organização, compreensão e comunicação. Assim, trabalhar com TIC na escola Superior devo apontar mais que ao domínio puramente instrumental a partir de a tecnologia, de seu uso criativo e crítico em ambientes de reflexão, debate e aprendizagem significativo.

A partir de desta forma, o Integração Pedagógica de TIC significa projetá-los:

Como recurso didático e também como objeto de estudo e reflexão, meio de expressão e produção, e modo de gestão do conhecimento, dependendo dos objetivos pedagógico

Como parte de um projeto transversal, orientado pelos propósitos de ensinar e compreender doação a chance a partir de Assistir termina cultural, Social e políticos: construção a partir de identidades, visibilidade, comunicação, formação e participação cidadã.

Como componentes de ambientes de aprendizagem, reflexão, compreensão e comunicação aprendizagem, combinável com outros recursos, nas diferentes disciplinas curriculares.

OU integração pedagógica a partir de As TIC são Poder para:

alavanca instâncias Individual e grupo a partir de trabalho de através de a partir de dinâmico colaborativo.

Apontar de a autonomia a aluna, guiado em a Professor, e ao aumentar a partir de competir-ções para a participação na vida pública: aprender a aprender, gerir a informação e comunicar

Gerenciar Recursos, espaços e Hora a partir de modo flexível e Assistir de a complexidade a contexto e de conteúdo para ensinar.

77

Projete a interação entre os alunos no espaço da sala de aula e no o virtual

liderar a diversidade a partir de Tarefas em simultaneidade e a articulação a partir de instâncias pré-essencial e on-line.

Incorporar questões relacionadas à dinâmica social e cultural da mídia Comunicação e a partir de a TIC, assim O que O que relacionado com a publicações e feliz-dois que são produzidos lá, compartilhe e circular.

Diálogo com a consumo cultural juvenis e pegue eles que apontar a partir de partida dea reflexão e construção de novos conhecimento e produções

Por tudo isso, as TICs são pensadas em contextos de apropriação complexa, em aqueles que o uso da tecnologia não é um fim em si mesmo, mas responde a Objetivos pedagógico e propósitos a partir de a ensino. Vamos considerar que a usar É "OK- quando consegue integrar de forma relevante o potencial da ferramentae as necessidades que pretende satisfazer, e quando o resultado do processo de integraçãoestanho não poderia ter sido alcançado sem trabalhar com esta tecnologia. A incorporação de As TICs, nessa perspectiva, visam promover o uso com finalidade pedagógica, e cultural, agregar valor às propostas de ensino e oferecer aos alunos, novo oportunidades de aprendizados significativo e relevante.

Assim, trabalhar de acordo com essas diretrizes implica, por um lado, conhecer as novas linguagens, abordar "novas culturas", repensar estratégias de ensino, Esboço, projeto propostas didático, para experimentar encurtar a lacunas geracional e considerar aafetação subjetiva que ocorre na apropriação do discurso midiático elógicoE, em De outros, requer a envolvimento e a trabalho colaborativo a partir de a equipamentoinstitucional, e a Reforço a Ocupação e a autoridade a Professor em a Demanda judicial a partir deconstrução do conhecimento sobre TIC e com

Apresentamos a seguir oportunidades para a organização e a busca por informações e para comunicação com mapas conceituais digitais, pesquisas na web e Blogue. Em cada seção, depois de descrever essas TICs, identificaremos as contribuições pedagógico que providenciar ao trabalho escola Superior e a requisitos a partir de gestão em papel aProfessor.

Oportunidades para organizar informações por meio de mapas

78

conceituais digitais

OU organização a partir de a Treinamento É uma papel importante em tudo processar a partir de construção a partir de conhecimento. A atualização, fragmentação e invisibilidade dos conteúdos que circulamem a meios de comunicação audiovisual e digital a partir de Comunicação Faz que a seleção, separar-lata, categorização e hierarquia a partir de Dados eu sei Retorna Tarefas central em a Demanda judicial a partir decompreensão. OU planejamento a partir de Nenhum Olhe para a partir de Treinamento requer agendar a Pró-transferir, identificar conhecimento anterior em a tema, definições machados em a que eu sei apontar para prolongar Está que eu sei conhecido ou sintetizar e integrar a descobertas de Está que já eu sei você sabia

UMA mofo a partir de desenvolve a capacidades vinculado com a organização a partir de a relatório-cachorro É de sair a partir de a usar a partir de organizadores gráficos. OU diagramas, mapas ou redesconceptual, pranchas, linhas a partir de clima, Agendar, e diagramas a partir de fluxo permitir maduro- apresentar informações visualmente e capturar ideias e conceitos graficamente. também ajudar a desenvolver o pensamento complexo e refletir sobre ele e comunicá-lo. As diferentes ferramentas digitais permitem que os alunos organizem o que sabem e, incorporando novos conceitos a outros já aprendidos, propondo esquemas preliminares a partir de conteúdos, sintetizar textos, colocar problemas em forma complexa.

Escolher organizadores gráficos para trabalhos escolares requer identificação tanto os objetivos da proposta pedagógica quanto as especificidades de cada ferramenta. Mentir. Se o que você quer, por exemplo, é que os alunos encontrem certas eventos no interior a partir de uma período de tempo a partir de clima determinado de que ver e entendia relação temporário Entre elas, a organizador gráfico mais adequado É uma linha a partir de Hora-pó. Em De outros papel, sim Está que eu sei Olhe para É que a estudantes entendi a relação Entreconceitos, o mais pertinente é um mapa conceitual.

Mapa conceptual digital: síntese a partir de a ferramenta
Um mapa conceitual é uma representação gráfica do conhecimento. Vocês construção supõe uma atividade intelectual e permite ao aluno visualizar o Treinamento que já ter adquirido e Está você sabia que incorpora, e, a partir de É mofo, organizar apensamentos para melhor compreensão.

79

ele pode Ser construído com lápis e papel. Sem embargo, Nenhum Programas específico a partir de □ Gentil-ware permite que você expanda seu potencial. O uso dessas ferramentas digitais simplifica e acelera o manuseio, armazenamento, recuperação e foco multimídia do conteúdo. Nesse sentido, uma das principais vantagens de trabalhar com mapas convencionais conceptual em computador É que a conceitos e a relações eles podem ser modificado maisfacilmente do que em formato de papel, enquanto as diferentes versões do queproduzido eles podem estar arquivado e recuperado Quando a lição de casa Está exigem. Em De outros par-tee, o meio digital permite ampliar o potencial visual do mapa conceitual ao admitir a inclusão de ícones, desenhos estáticos ou animados (gif). dessas possibilidades meio, meio, mais tarde, a transposição a partir de expressões idiomáticas, a revisão, a escreve de novo, a Consulta e a comparação de produções anteriores ou a reflexão sobre processos e mudanças podem dar tornam-se slogans frequentes integração a partir de TIC em Sala de aula.

OU Ferramentas digital permitir, em De outros papel, acumular mapas conceptual com no- cães ou hiperlinks de outras Recursos (Fotos, imagens, gráficos, vídeos, Texto:% s, Páginas A rede, sons, outros mapas conceitos, etc.) Expandir o explicação de conteúdo

Ou procure informações relacionadas. Além disso, como os mapas podem ser armazenadosem um servidor de Internet ou intranet, eles podem trabalhar de forma colaborativa distância.

OU complexificação a partir de tópicos ou problemas; a Olhe para a partir de Treinamento extensão emum tópico de interesse; reflexão sobre o que é relevante e o que é secundário; projeto e avaliação estruturas de navegação podem; Uma reflexão sobre as convenções culturais de representação; a organização do trabalho em equipas de trabalho complementares e a Comunicação a partir de Está produzido Eles estão outras a partir de a Tarefas de a que contribui a trabalho com Aquelesorganizadores gráficos em formato digital.

Contribuições pedagógicas do trabalho com mapas conceituais em Formato digital
favores a trabalho com apoia multimídia.

ofertas uma modo de a terceirização a Eu pensei e a conhecimento construído.

Parece melhor a Habilidades a partir de compreensão a partir de Texto:% s, a partir de organização (classificação, Gato-ionizacao e relação) a partir de a Treinamento e a partir de representação a conhecimento em mofohipertextual e multimídia.

facilita a Comunicação, a intercâmbio a partir de Treinamento e a negociação a partir de quer dizer-dois de sair a partir de a construção a partir de Modelos gráficos a partir de representação e, a partir de leste modo, adesenvolvimento da compreensão compartilhada.

habilitar a trabalho colaborativo e a construção coletivo a partir de conhecimento.

favores Demanda judicial a partir de reflexão em a ter Demanda judicial a partir de Aprendendo.

Em desenvolvimento a partir de a ferramenta
Os elementos que compõem um mapa conceitual digital são:

Conceitos: abstração das características que definem um objeto ou evento. eu sei representado graficamente dentro de elipses, círculos ou retângulos.

conectores ou *palavras a partir de Link:* eu sei eles usam de Link a conceitos e de indicar atipo de relacionamento entre eles. "É um", "eles são caracterizados por", "depende de", "produzir", etc. são exemplos de conectores. Estes são escritos sobre ou ao lado do linha que une os conceitos (linha de conexão).

Proposições: dois ou mais termos conceituais unidos por palavras de ligação a formam uma unidade semântica. "A cidade tem uma área industrial" ou "O ser humano precisa de oxigênio" são exemplos de proposições.

Recursos multimídia e hipertexto: fotos, vídeos, sons, links para páginas site etc

De acordo com os objetivos pedagógicos, existem múltiplas estratégias para orientar os alunos. Alunos na construção de mapas conceptuais. O ponto de

81

partida pode estar:

Pose uma *pergunta a partir de foco* que direto a trabalho em direção a uma alvo. OU perguntas,mais que a tópicos, delimitar a conteúdo e foco a resolução a partir de a Atividades propostas- tu. Está perguntas eles podem estar criado tanto em a Professor que em a alunos?

Selecione os conceitos que o professor deseja que os alunos incluam em suas mapas e numerá-los. O aspecto mais desafiador e difícil da construção A lata de mapas conceituais é a elaboração de proposições. Ou seja, determinar cujas palavras de ligação descreverão claramente a relação entre os conceitos. Portanto,entregar de a estudantes uma Preparar a partir de conceitos não tu para eliminar dificuldade de a construção do mapa e permite ao professor detectar quais conceitos o aluno não está integrando corretamente.

Completar a estrutura a partir de uma Mapa pré-projetado Para tópicos complexo, eu sei eu posso Escolher para dar aos alunos um mapa parcial, baseado em um mapa "especialista", retirado do bibliografia ou realizado em a Professor. Lá a slogan eu posso estar expanda-o com concepçãotosses e relacionamentos mais específicos. Neste caso, o mapa inicial funciona como um "gatilho"e andaime de a alunos. Também, a slogan eu posso estar prolongar uma conceito de através de um "submapa" (um mapa que amplia o detalhe das relações envolvidas algum conceito complexo).

Então, a estudantes Eles terão que:

Conceitos de grupo que estão intimamente relacionados.

Ordene-os do mais abstrato e geral ao mais concreto e específico.

Represente-os e coloque-os no diagrama.

conecte-os.

olhe para, Selecionar Recursos multimídia e hiperlinks -a partir de acordado com tu quer dizer- exercício e relevância: encontre-os e adicione-os quando apropriado.

82

Descobrir a Mapa, Verificações a relações, importar que não eu sei ter repetido ou Super-colocar conceitos.

- Refletir em a Mapa. Correto, prolongar, adiar, mudança, reconstruir, reorganizar,estabelecer relações nunca antes vistas, etc.

A vantagem de usar um computador para fazer esses mapas é que ele permite Ele permite adicionar ou remover facilmente elementos ou relacionamentos, alterar sua posição, bem como como adicionar imagens ou outros recursos de mídia para ajudar a esclarecer representação de um tema. Ou seja, agiliza a preparação, o processo de refinamento, modificação e expansão. Também é fácil fazer interface e estabelecer relações cruzadas entre mapas. Além disso, eles podem ser "salvos" como imagens e estar reutilizado em outras empregos, que monografias ou apresentações dadaístapossibilidade de serem hospedados em um servidor, também podem ser construídos remotamente e em em colaboração, e dar-lhes conhecer publicamente.

Como já foi dito, os mapas conceituais são organizadores gráficos que favorecem a compreensão, ilustrar graficamente a relações Entre conceitos e eles ajudam em a aprender-novas informações, mostrando claramente a integração de cada nova ideia em uma conhecimento existente.

Eles estão Ferramentas de a Extração a senso a partir de Texto:% s e em a trabalho a partir de laboratório einterior. A organização dos mapas conceituais permite uma fácil revisão do informações apresentadas, pois ajudam a identificar os principais conceitos e relacionamentos. Para a construção a partir de uma Mapa conceptual, necessariamente a estudantes Eles terão quetrabalho em a Treinamento, de decidir sim É relevante ou não de a aumentarde um tópico Com ou sem a ajuda do professor, eles poderão identificar qual parte do tópico eles aprofundar, rever ou repensar.

É importante ter em mente que o uso de mapas conceituais em sistemas de informação hipertexto eu multimídia requer ensinar de Esboço, projeto a hipertexto, de facilitar a para navegar-tonelada e o roteiro de leitura do mapa, ou seja, representar o conhecimento desse modo.

OU mapas eles podem estar para elaborar, O que mais, em a professores de

83

presente a tema de aalunos. até, dadaísta tu habilidade a partir de conter hiperlinks, eles podem oferta mapasconceitos digitais como um formato para os alunos navegarem e pesquisar Treinamento. Eles também são usados para planejar o currículo, selecionando os conteúdo significativo e determinar quais caminhos são seguidos para organizar ocaído. eu sei eu posso acumular uma Mapa global em que Aparecer a Ideias mais importanteque serão levados em consideração durante o curso, para depois passar para outros mais específicos que grupo tópicos ou blocos a partir de conteúdo e, Finalmente, ao Mapa detalhado a partir de a classe.Isso ajudará os alunos a relacionar de forma coordenada os diferentes níveis de trabalhar e encaixar os detalhes na estrutura dos relacionamentos globais.

requisitos a partir de gestão em papel a Professor
Defina em que ponto do projeto e para qual finalidade pedagógica os recursos serão utilizados. Mapas conceituais (investigação de ideias ou noções anteriores, apresentação de um tópico ou projeto, propor relações entre disciplinas, classificar e categorizar as informações fornecidas, realizar uma síntese final, avaliar o compreensão de um tema etc).

Gerar espaços de reflexão e conscientização entre os alunos sobre a consciência, usos, significados e oportunidade de usar mapas digitais no projeto (refletir e discutir semelhanças, diferenças ou usos complementares entre ferramenta de trabalho e outras conhecidos, etc). É dizer, Que mais a partir de saber me perdoe acumularum mapa é importante para os alunos aprenderem a tomar decisões sobre quando usá-los e avaliar se o mapa conceitual é o procedimento mais adequado para beber a objetivo proposto e resolver exercício programado.

Escolher a apontar a partir de partida de a construção a partir de a mapas (uma pergunta a partir de foco,uma Mapa parcial, uma Preparar a partir de conceitos, etc) Então, tornar explícito a alvo em geral, de trabalhar o conteúdo e os conceitos-chave. Aproveite a ferramenta para aproximação problemas complexos de uma multiplicidade de perspectivas.

Prever momentos de aprender de liderar a ferramenta em crescendo graus a partir de com-lentidão. Promover o uso flexível e eficiente do tempo. Leve em consideração os prazos Produção trabalho, tanto individualmente como em grupo.

84

propiciar que a estudantes autorregulação e no controle tu próprio processar a partir de Aprendiz-Ei, relativo a conhecimento obtido com esquemas cognitivo anterior.

Fomentar a criação de comunidades de aprendizagem num clima de confiança e cooperação. Promover a capacidade de compartilhar informações e expressar ideias. como forma de melhorar os processos de ensino e aprendizagem. Considerar oportunidades para gerar dinâmicas colaborativas com professores de Materiais diferentes.

Providenciar a busca e organização de recursos multimídia, especialmente devido à Possibilidade de editar o mapa conceitual em formato de hipertexto. ensinar a analisar e avaliar a relevância dos conceitos selecionados, das relações estabelecidas entre eles e os recursos utilizados.

Planeje o arquivo do mapa e proponha dinâmicas para seu registro e enriquecimento. eu minto durante todo o desenvolvimento de um projeto.

Considere usar esses gráficos para monitorar e avaliar o processo de aprendizado do aluno.

diferenças com outras Ferramentas de a organizaçãoa partir de a Treinamento OU mapas conceptual digital eles podem Ser usado de a resolução a partir de problemas,a delineando a partir de pontos importante de aproximação e a hierarquia a partir de a Degrause Interrelações. Também, eles podem estar usado em a estudantes de aproximação dea compreensão a partir de uma tema ou problemático exclusivo, ou Nós vamos de sintetizar a tema-casos tratados, desenhar uma investigação, propor a redação de um artigo monografia, etc. As linhas do tempo, ao contrário dos mapas, localizam graficamente a situação temporal de um evento ou processo, evidenciando a sucessão de eventos e a simultaneidade com outras eventos a hora, que até eles podemcondicionar um ao outro.

UMA a partir de a diferenças supremo que Faz ao trabalho com mapas conceptual em real- tonelada com outras Ferramentas de a organização a partir de a Treinamento É a a partir de incorporar aconceito a partir de redes hierárquico a

85

partir de senso. Quando Nós falamos a partir de mapas conceptual, nós nós queremos dizer de estratégias a partir de organização a partir de Treinamento, a partir de conceitos e, O que mais, a partir deseus relacionamentos

Dadas essas características, os mapas conceituais podem complementar e integrareu sei de uma proposta mais ampla que incluir outras TIC, O que missões na web ou investigar aTesouro, que são estratégias para a busca estruturada de informações.

Oportunidades de pesquisa por meio de pesquisas na web

O que eu sei existem dizendo em a aumentar a partir de a segundo chave: "OU volume a partir de a Treinamento", uma a partir de a diretor potencialidades a partir de a tecnologias digital É a Acesso de relatório-tonelada diverso a partir de a mais diverso fontes. A partir de lá que uma eixo central a partir de a Educação em TIC estar desenvolve em a estudantes a Habilidades requeridos de que corre investigar

Relevantes, reflexivos e críticos de acordo com as necessidades ou objetivos pedagógicos, problemas sociais ou culturais que surgem.

Pesquisas na web e gincanas são ferramentas úteis para orientar os alunos. Estudantes nos processos de busca, seleção e análise da informação e no uso do mesmo, para resolução de problemas ou slogans de trabalho.

A integração pedagógica desses recursos exige que os professores cortem claro sobre o tema a ser discutido; formular perguntas e objetivos de acordo com o escopo do projeto, o possibilidades dos alunos e fontes disponíveis; fazer um trabalho exploratório estanho e seleção de fontes de informação relevantes e estruturação da ferramenta em uma série de etapas que irão organizar as tarefas a serem realizadas pelas diferentes equipes de trabalho. Sob. Para a apresentação dessas atividades, processadores de texto, Programas específico ou Modelos *em linha.* OU fontes a partir de Treinamento de Consultar eles podemhospedados na intranet instalada na escola, em diversos CDs, enciclopédias digitais, tais e/ou sites. Também pode ser considerado não digitalizado, escrito, audiovisual, e som e fala.

OU Olhe para e seleção a partir de Treinamento e a reflexão guiado de através de a partir de Está ferramenta-São experiências iniciais valiosas que permitirão aos alunos graus progressivamente maiores de autonomia e autorregulação em seus processos de interação com a informação.

Pesquisa na internet: síntese a partir de a ferramenta

"Web Quest" significa pesquisar e pesquisar na Web e consiste em um proposta que favorece a aprendizagem por meio da descoberta guiada e a abordagem de umtema a partir de uma perspectiva problematizadora. É uma ferramenta que permite ao professor dar orientações muito específicas e precisas para os alunos realizarem uma pesquisa em diferentes fontes de informação.

Muitas vezes, é feita uma pergunta que alude a uma situação ou cenário que precisa ser analisado a partir de diferentes posições, interesses ou perspectivas para ser entendido como um fenômeno complexo. Nesse sentido, dá a possibilidade de poder usado em projetos cruzados. A ferramenta oferece oportunidades para os alunos reconhecem, simulam e vivenciam personagens, conflitos, papéis, tensões, mudanças ou contradições existentes nas situações levantadas.

A web quest propõe uma dinâmica que aponta para o trabalho colaborativo. os grupos corre Tarefas diferenciado mas que convergir em a conquista a partir de uma meta Comum. OU no interior-citações eles podem promover a partir de slogans que apontar de a Compilação ou analisar a partir de Treinamento, resolução a partir de enigmas, pergunta a partir de Ações Judiciais, construção a partir de consensoou produção. Os alunos são divididos em grupos, acessam as diferentes fontes que o Professor ter proposto e Selecionar a Treinamento relevante em base de a Tarefas que eu seiForam apresentados.

OU Olhe para a partir de Treinamento em Internet, Internet, discos compactos ou outras fontes É uma componenteweb quest center como proposta didática. No entanto, seu potencial lógica reside na possibilidade de transmitir processos que transformam informaçõesem conhecimento, ou seja, promover um conjunto de ações como identificarTreinamento relevante de a Objetivos que eu sei eu devo cumprir e organizá-lo; discriminar tipo de dados; reconhecer as agências produtoras de informação; avaliar o posicionamento tosse ou interesses de material apresentado por fontes; tirar conclusões sobre o dificuldade que eu sei apontar para entendi e acumular coletivamente uma produtos final queDemonstrar uma possível solução e tomar as posições dos alunos.

A particularidade que esta ferramenta tem para o professor é que lhe permite, através A partir de um design simples e atraente, gere seus próprios materiais didáticos digitais adaptado de tu grupo a partir de estudantes e tu contexto Especial. É importante ter em contaque o fluxo de informação que circula requer alguma atualização das fontespartes identificadas, a verificação do seu conteúdo e a renovação dos slogans que Eles levam para a sala de aula

contribuições pedagógico a trabalho com missões na web
favores a trabalho com apoia multimídia.

propício a Acesso de fontes a partir de Treinamento diverso e vários.

Desenvolver Habilidades a partir de procurar, Olhe para, seleção, avaliação e hierarquia-lata de informação por ai metas anteriormente estabelecidos.

Mofo Habilidades de a Leitura hipertextual e a compreensão a partir de Texto:% s.

Promove o uso adequado e ético das informações sobre o alcance dos objetivos vínculos, atendendo necessidades e resolvendo problemas perspectivas complexo e tomada de decisão.

Fomentar a aumentar a partir de Habilidades a partir de Aprendendo Autônomo e colaborativo.

Favorece o pensamento crítico e criativo sobre a informação e a capacidade de "hiperleitura".

Fomentar a aumentar a partir de Habilidades metacognitivo e a partir de avaliação a partir de Demanda judicial.

Em desenvolvimento a partir de a ferramenta
Como dissemos nos parágrafos anteriores, o navegador da web é uma ferramenta projetada poro professor, que integra as TIC e a aprendizagem colaborativa através da investigação guiado por várias fontes de informação, muitas vezes hospedadas na Web. é pré-Apresenta-se em formato digital e está estruturado em partes claramente estabelecidas às quais que é inserido de de uma árvore de navegação:

Introdução

Lição de casa

Processar

Avaliação

Conclusão

Quando um professor desenvolve uma pesquisa na web e a compartilha com outros colegas, ele pode inseririncluir uma separou, "Página a Professor". Lá eu sei explique a justificação a Separardeste campo do conhecimento e as diretrizes globais do trabalho que se tenta com o alunos.

Introdução
Estar que estar a conteúdo que eu sei quer trabalho, É importante que a pesquisa na internet eu sei presente-atraente para os alunos. Para isso, vale a pena fazer uma pergunta.inicial que comparecer a partir de "gancho" de despertar a interesse a partir de a estudantes a partir de a Começar.OU Introdução -Claro e apresentação-devo pose uma situação problemático de quebrar que apelar à curiosidade e implicar um desafio.

Lição de casa
É uma das partes mais importantes. O professor desenvolverá sua engenhosidade e criatividade. pensar em tarefas interessantes que respondam aos objetivos curriculares, evitando superabundância instruções e orientações.

89

É importante focar em a compreensão a partir de 1 ou dois tema substancial que Formatopapel a tema diretor a partir de a pesquisa na internet. OU proposta É Esboço, projeto uma lição de casa autêntico queEu levei de a transformação a partir de a Treinamento evitando a tendência de a Mero reprodução.

Existem muitas categorias de tarefas para criar uma boa pesquisa na web. Alguns exemplos- Exemplos podem ser: resolver um problema ou mistério; formular e defender uma posição; projetar um produto; analisar uma realidade complexa; produzir uma mensagem persuasiva um tratamento jornalístico; coletar informações, etc.

Processar
É a papel fundamental a partir de uma pesquisa na internet Nós vamos projetado? OU processar devo chegar a um acordo coma Descrição a partir de a lição de casa. É confirmado em Degraus que a estudantes eu devo corre,com os links incluídos em cada etapa.

É um momento de organizar a complexidade da proposta de pesquisa. A elaboração do processo também requer a incorporação de outro princípio central da web quests: a divisão em papéis ou perspectivas, características da aprendizagem colaborativagravata. Aqui é definido um conjunto de subtarefas precisas e bem estruturadas para cada tarefa. UMA dos papéis que os alunos vão adotar.

OU Esboço, projeto a partir de missões na web ter dois desafios: Conseguir em Está Atividades e Degraus uma real-decoração andaime cognitivo de a estudantes e promover a negociação a partir de significadosEntre os alunos depois uma produção coletiva.

Recursos
Esta seção lista os sites previamente selecionados para que os usuários possam estudantes eu posso concentrar em a tema de investigar e evitar a navegação de a deriva.

90

De fato, os recursos podem ser apresentados em uma seção separada ou ser incluídos na etapa do processo, de forma geral ou personalizada, dependendo dos papéis a serem investigar. Muitas vezes, além de sites, será conveniente expandir com outras fontes e sugerir outros tipos de recursos como revistas, livros, pesquisas, diagramas etc

Avaliação
O objetivo aqui é promover a avaliação em grupo do produto e a autoavaliação do conquistas individuais. Uma avaliação deve ser clara e concreta; Isto é mais do que um processo de reflexão, pois acompanha e orienta a aprendizagem informações para saber redirecionar continuamente a construção do conhecimento.

requisitos a partir de gestão em papel a Professor
Identificar estágios a esboço, projeto retomar, a partir de Sala de aula ou institucional, em a eu sei será integradoa ferramenta, levando em consideração suas particularidades e potencialidades.

Esboço, projeto a Atividades com a ferramenta por ter em conta uma diversidade a partir de com-signos, interesses, habilidades e acesso a recursos multimídia.

Propor slogans que integrar diferente expressões idiomáticas (oral, escrito, audiovisual, hiper-textual) e gêneros de fala (narrações, entrevistas, reportagens, etc).

Definir tema, objetivo geral, conteúdo e conceitos-chave de forma simples, que permitir que problemas complexos sejam abordados a partir de uma multiplicidade de perspectivas (Desmistificar estereótipos, a trabalho com a multicausalidade, identificar componentes

Subjetivo na produção da informação e construção do conhecimento, enfatizando em noções de processos dinâmicos, etc.)

Levar a cabo uma Olhe para exploratório a partir de material acessível em a tema em websites A rede,discos compactos ou outras materiais digital, e a Verificações a partir de deles possível mudanças, atualizações eda validade do material. Considere oportunidades para gerar dinâmicas colaborativas abortivo com

91

professores de diversas disciplinas.

Avaliar a complexidade do conteúdo e estrutura dos sites identificados (fafacilitar navegação) e faça uma pré-seleção de elas.

Ao controle a duração a partir de a fontes selecionado que Recursos de usar.

Apresente a estratégia aos alunos, divida-os em grupos e finalize o trabalho grupo e a Individual, e a momentos a partir de recapitulação em grupo excelente. Tela a processar e avaliar o aprendizado em cada etapa.

Levar a cabo resumos sistemático a partir de tópicos, abordagens, conclusões transitório, ea partir de Tarefas em grupos, subgrupos e com a grupo total de final a partir de coloque-os em a processar global,na produção gerada e no que são obrigados a realizar.

Gerar espaços de reflexão e conscientização entre os alunos sobre a conhecimento, usos, significados e oportunidade da ferramenta no projeto (ver em práticas freqüente com TIC em escopos não crianças em idade escolar; debate em semelhanças e diferenças entre a ferramenta a ser trabalhada e outras conhecidas; refletir sobre o complementaridade e a novo formulários a partir de Ferramentas já conhecidos; antecipar facilitadores,obstáculos, controvérsias e arranhões que eu posso emergir no trabalho com a ferramenta).

propiciar termos de gerar investigar a partir de Treinamento relevante e S.I.G-significativo (motivar o interesse genuíno dos alunos; definir objetivos que integrem orientações curriculares com as preocupações dos alunos; selecionar fontes prioritárias reforçar o rigor científico, a confiabilidade das informações, o estilo de linguagem, estético, a sorte a partir de material multimídia, etc.; Favor a usar flexível mas eficaz atempo, promover o surgimento de novas preocupações ou questionamentos a partir da busca é agendado e pode ser retomado em atividades posteriores; incentivar instâncias brincalhão e criativo que Aberto de a emoções, a expressividade e a imaginação em porta de entradaao tema que está sendo discutido.

Plano modos a partir de Comunicação, procedimentos e Comunicação a partir de a produções De verdade-dado pelos alunos.

92

recomendações alternativas de a caso a partir de não existe Conexão de a Internet

OU pesquisa na internet Seu, que já eu sei existem dizendo, uma ferramenta digital que organizar a Olhe parainformações em vários sites. No entanto, as condições de navegação eu sei eles podem gerar em a intranet. O que mais, a Páginas que eu sei ir de usar e Link eles podem Descer e cópia de em uma processador a partir de texto de mais tarde corre a hiperlinks correspondentes e salve-os mesmo quando não houver Internet, mantenha-os sempre mantendo a referência à fonte em questão. Procure também slogans,eles podem consultar enciclopédias digitais ou outros CD-ROMs.

Diferença com outras Ferramentas de a procurar

A caça ao tesouro, também chamada de "caça ao tesouro", é outra ferramenta para Olhe para guiado a partir de Treinamento. Consiste em uma lençol a partir de rota que presentes uma Série a partir deperguntas sobre um tópico e uma lista de locais (arquivos ou sites) onde os alunos eles podem nos encontrar as respostas. Muitas vezes, no final do desenvolvimento da atividade e como conclusão é incluída uma questão integradora que facilita a organização das informações coletadas. Ao contrário da pesquisa na web, o processo de pesquisa proposta tem uma sequência mais linear e não se destina Reproduzir a diversidade de perspectivas

Escrever uma caça ao tesouro pode ser feito com um processador de texto. texto, software de apresentação ou *modelos online.* os lugares para procurar eles podem estar submetido em a Internet instalado em a escola Superior, em diferente discos compactos eu em websitessite web.

Esta é uma estratégia útil para apresentar conteúdo, aprofundar conhecimentos em torno de um tema e para avaliar a aprendizagem. pode ser considerada uma atividade grupo, individualmente ou em combinação com ambos os métodos.

oportunidades

Para a Comunicação de através de a partir de Blogue

Parte do potencial pedagógico das TIC é melhorar as habilidadesdes a partir de Comunicação a partir de a estudantes, gerar novo formas a partir de expressão e propiciara participação em a tempo de vida público. através de a tecnologias digital eu sei originar novoperspectivas de inter-relação com os outros, o que

93

pode fortalecer a construção de identidades Individual e coletivo, e Favor a Produção Social a conhecimento.

Como dissemos nas seções anteriores, para a correta formação do novo gerações É indispensável que a escola Superior não só Ensinar de investigar e organizar cri-informações éticas e criativas, mas também para oferecer oportunidades para produzirinformação e cultura.

Para o desenvolvimento da função comunicativa a partir do uso das TIC no campo escola Superior eu sei existem selecionado, de modo a partir de exemplo, uma Formato específico a partir de imenso Eu cresci-mento hoje: o weblog, também chamado de "blog" ou "log".

Weblog: visão geral da ferramenta
Existe diverso formar a partir de conceber o Blogue. Aqueles eles podem ser Eu pensei que:

UMA Publicação em linha caracterizado em a definições cronológico de volta a partir de aIngressos, em a que eu sei escolher, de modo a partir de Diário, conexões, Notícias e opiniões a partir de paternidade literáriaprincipalmente solteiro com um estilo casual e subjetiva. [48]

Espaço de comunicação assíncrona, geralmente destinado a expressar ideias ou opiniões em formato escrito, embora fotografias, gráficos,Por quê e desenhos, sequências de áudio ou vídeo. [49]

Um sistema de comunicação onde todos são editores, colaboradores e críticos, Eu corro um esquema de troca multidirecional. Um weblog é uma página da web. dinâmico no qual visitantes participam ativamente. [Cinquenta]

Os blogs permitem combinar várias formas de comunicação, idiomas e tambémcursos a partir de Internet. serviço O que Buscador Por que permitir pose Links específico com outraswebsites vinculado ao tema que eu sei teste [51], eu sei Eles parecem ao o e-mail em a estilo informal a partir de Comunicaçãoque eu sei usar com frequência em elas e eu sei assemelhar-se de a fóruns a partir de opinião já que a leitores Eu posso-dar participar em a

94

construção a tema ou debate contribuindo deles comentários [52]. A possibilidade de ter, sem conhecimentos técnicos especiais, uma forma de solicitação em linha, a gratificação, a facilitar a partir de Acesso, a possibilidade a partir de inserir Links ou Links e tu interatividade [53] Eles estão Nenhum a partir de a Recursos e funções que facilitartu adoção na educação.

Em termos em geral, a Blogue eu devo Ser considerado Ferramentas em significa média a partir de a estudantes Eles construíram conhecimento em Interação com a outras. eu sei doces a partir de uma chancePapai de que a estudantes Reproduzir uma papel ativo que permitir dar conta a partir de a Demanda judicial que experiência, responda de preocupações ter e a partir de o resto, o negócio opiniões, gerar discussão, contribuir Nenhum Treinamento e intervir em deles contextos a partir de tempo de vida. Chance de manifesto deles interesses, precisa de, certezas, Dúvidas e interpretações em Nenhum temaem particular. A partir da criação dos weblogs, os alunos tornam-seautores, produtores a partir de conteúdo e provedores a partir de Treinamento. Corre comentários,perguntas e respostas Dan e beber *comentários,* eu sei conectar, eles ajudam de filtro Treinamento.Ter a possibilidade a partir de beber a clima de pensar, organizar a noção [54]

contribuições pedagógico do trabalho com Blogue
favores a trabalho com apoia multimídia.

Desenvolver a Habilidades comunicativo e novo formas expressivo a partir de a estudantesde através de novos formatos.

Mofo Habilidades de a escrevendo hipertextual e a Produção a partir de materiais multimídia.

favores a gestão a partir de a superabundância a partir de Treinamento de extrair senso a partir de Seu.

Desenvolver a Leitura revisão, a Habilidades a partir de Olhe para e avaliação a partir de Treinamento,e a adoção de critérios para a seleção de fontes confiáveis.

Parece melhor as habilidades de compreensão e de Produção de textos.

95

Promove a aprendizagem autônoma e colaborativa, favorecendo o desenvolvimento de habilidadescidades metacognitivo e a avaliação de Demanda judicial.

promove a uso apropriado e ético a partir de Treinamento, assim como a voar decisões

facilita a intercâmbio com a outras (companheiros, professores, membros a partir de a comunidadecidades próximas ou remotas).

fortalece a construção a partir de a identidades Individual e coletivo.

Desenvolver a criatividade.

fortalece uma pedagogia focado em estudante.

Em desenvolvimento a partir de a ferramenta
OU Blogue eles estão Ferramentas a partir de Comunicação, multimídia, interativo, flexível edinâmico. Permitir integrar expressões idiomáticas, conteúdo e Recursos em porta de entrada de uma diversidadede propósito De acordo com a natureza do material publicado, eles são classificadosem fotoblogs, videoblogs, audioblogs e mob logs (conteúdo que foi capturado celular ou celular). Caracterizam-se por suas frequentes atualizações ePor que Favor a Comunicação a partir de personagem multidirecional OU Blogue Eles estão espaçospara a expressão dos autores, em que os leitores podem participar ativamente fazer comentários, tornando-se assim o seu co-criadores.

Nenhum a partir de a Atividades requeridos de a Produção a partir de uma Blogue eles estão a Olhe para, a Leitura, a seleção e a interpretação a partir de Treinamento em uma tema. É em Estáque o uso dessa ferramenta em propostas pedagógicas é uma forma essencial registro privilegiado, sistematização e documentação de processos construtivosIndividual e Social a conhecimento. OU Interação com É mofo a partir de Publicação e a partir deA troca social virtual permite que os alunos iniciem um processo em que pouco a pouco mente eu sei ir Faz especialistas em uma atenção e em a que eles podem Conseguir de tornar-seem fonte de informação e referência para outros blogs que abordar o mesmo

96

tema .

Editar e para postar uma Blogue que significa Lugar, colocar em Reproduzir uma Série a partir de Habilidades referidoorganização da informação, expressão e reflexão sobre os processos de comunicação [56.] Primeiro, os blogs permitem que você organize as informações criando categorias e correntes a partir de Treinamento de através de a partir de Links Entre elas. Aqueles processar-tosse para favorecer a recuperação e aplicação de informações sobre os temas a serem discutidos, problemas de quebrar. A partir de leste modo, a Blogue eu sei converter em uma chance de

Gerenciar a superabundância a partir de Treinamento em internet [57,] contextualizar e organizar aconversas em mofo hipertexto. Que mais, É possível dizer que Está estruturas a partir de público-cação na Internet, e os elementos que os compõem, dão origem a formas inovadoras narrativas e gerar novo práticas de debate e argumentar.

Da mesma forma, os blogs podem ser concebidos como um valioso espaço de expressão; intercâmbio e participação Social, política e cultural a partir de a alunos. OU escolha atítulo do blog, tópico, perspectiva de foco de conteúdo, escolha a partir de fontes, a Treinamento pessoal/coletivo que eu sei ofertas, a diretórios em a que eu seiinscrição, o desenho utilizado, as cores, sons ou imagens selecionadas, os linksblogroll ou comentários são os recursos que um weblog fornece para fortalecer, expressar e comunicar a identidade. Um weblog adquire status público na Internet quando é aberto espaço para a circulação de ideias sobre quem e como são seus autores ou leitores.Em que visão de mundo que eles possuem, o que os motiva ou o que te preocupa

R) Sim, leste Formato contribui de a parece melhor a partir de a Habilidades comunicativo e a partir de expressão.Os autores geram artigos com o objetivo de dar a conhecer o que sabem, pensam e sentem, e os leitores participam ativamente deixando seus comentários. Essa dinâmica significa que os textos devem ser produzidos com clareza suficiente para serem incluído em a o resto (estar Aqueles professores, estudantes ou a comunidade em em geral).O diálogo com os outros, por sua vez, fornece informações úteis para a autorregulação.ção e acompanhamento do próprio processo de aprendizagem. Ao contrário de outras ferramentasque suportam conversas como fóruns, weblogs dão aos autores uma

97

Paz pessoal e, simultaneamente, uma espaço Social. É dizer, "conceder uma espaço dea reflexão Individual, de a registro a partir de a evolução a partir de a Ideias de Está comprimento a clima, para múltiplas conexões e trocas em diferentes espaços" [58.] Da mesma forma, o a comunicabilidade de uma mensagem torna-se objeto de reflexão para esses alunosquem quer ser ouvido.

O que mais, a usar a Blogue habilitar eu creio e desenvolve uma novo etapa a partir deexpressão que é necessária e valiosa em dois sentidos. Primeiro, porque você sabe que por características pessoais, medo de errar ou dificuldades em apresentar no público [59,] nem todos os alunos frequentam as aulas e as interações são reduzidas a um pequeno grupo. Criar e comentar em blogs permite que você fale sobre isso. senso. Em segundo lugar, organizar um weblog envolve organizar ideias, definir um cronograma, propósito, imaginar e construir um leitor, expressar-se, sistematizar um pensamento, etc.Assim, o grande benefício que esse tipo de "gênero virtual" traz é que traz a mofo a partir de "ter voz em a Internet" a partir de caminho bastante fácil. "Ter voz", em senso SOU-como possibilidade de manifestação sobre temas de interesse de uma pessoa ou um grupo e sua comunicação estendida a outras pessoas com as quais não é compartilhar um espaço, não um tempo.

Outras habilidades que são desenvolvidas durante a interação com esse tipo de up- Formulários virtual eles estão a a partir de Formato em a novo meios de comunicação a partir de Comunicação, eu creio
UMA reflexão ter, estar uma pensador crítico, gerar pontos a partir de ver alternativa e contribuir-levá-los a outros. Dentro dos espaços de reflexão gerados pelo trabalho com Blogue eu sei aberto uma Forte linha a partir de Treinamento e debate em porta de entrada de a "princípio moral" a partir de O queque produzem. Marcos legais, liberdade de expressão, respeito às diferentes ideias, Tu vês, a analisar a partir de a situações Social, a reflexão perto de a partir de a formas adequadoa partir de expressão em porta de entrada de a Objetivos e contextos em a que eles vão cercar a publicações Eles estãotema centros de formação sobre esta ferramenta [60] .

Existe uma diversidade a partir de Blogue destinado a de termina educacional ou *comestível*. Nenhum a partir desão criados por:

Professores [61,] para estabelecer um espaço de comunicação assíncrona comos estudantes. Por meio desse meio, os professores podem agendar diretrizes de a conquista a partir de Tarefas, Aberto uma espaço virtual a partir de perguntas e comentários, Mandar Atividades, bibliografia e Links de websites A rede a partir de Consulta.

Os weblogs dos professores são os usados para comunicação, compartilhar, planejar, investigar e produzir coletivamente entre pares (materiais educativos; projetos multidisciplinares, conselhos de prática de ensino, etc.).

Alunos, para divulgar experiências escolares individuais e coletivo. Esses blogs podem comentar as atividades realizadas, apresentar documentos a partir de trabalho, organizar colaborativamente uma procurar, O-rar o desenvolvimento de projetos e seus resultados. são espaços que permitir apenas feedback do professor e/ou seus pares. No que diz respeito ao trabalho individual, um antigo experiência que pode ser muito interessante é o registro pessoal do estudante. Este registo pode ser prorrogado durante todo o trânsito pelo escola Superior, empoderador a construção a partir de a identidade e a rastreamento a partir de a própria história

Professores e alunos em sala de aula, para trabalhar em tópicos ou projetos multidisciplinar ou Cruz. OU Blogue a partir de Sala de aula Favor tantotrabalho em grupo dentro de um curso, bem como entre cursos e escolas. pode usar ser armazenados de várias maneiras, como um diário de classe, um caderno ou um fichário digital .

membros a partir de a *instituição escola Superior,* de dar conta a partir de tu história, ideologia,Projetos, links da comunidade etc.

É preciso levar em conta que dada a potencialidade dos blogs para ser um espaço de a visibilidade público, a Produção a partir de a estudantes É em termos a partir de transcender-Correto a Sala de aula. UMA Blogue eu posso estar uma chance a partir de Interação com outras espaços no interiora partir de escola, outras escolas, organizações ou comunidades próximas ou distante.

Estrutura a Blogue

UMA Blogue É formado em Vários componentes [62]:

99

Cabeçalho: É a Nome ou qualificação que a ou a autores atribuir ao Blogue. Ele pode-conter uma imagem.

Categorias ou tópicos: sistema que permite organizar o conteúdo do blog de acordo com os critérios estabelecidos pelo seu autor. Em geral, essas categorias são eles estão localizados em uma coluna ao lado do corpo central do blog.

Artigo, postagem ou entrada: constitui o corpo central de redação de um bi-Tacoma. Dependendo do sistema de publicação selecionado para trabalho, a Ingressos ou *publicações* eu sei identificar com Data da reunião a partir de Publicação e categoria deaquele a quem pertencem.

Comentários: a opção a partir de Comente a Ingressos Permite ao Visitante sairsua opinião sobre o conteúdo exposto nestes, esclareça o que você lê ou expanda-o com novos dados, links ou reflexões. Cada entrada de blog é em si uma pequeno fórum. Os comentários permitem que os visitantes opinem, complementemhomens e melhorar itens.

Trackbacks – Este componente, também chamado *de referência cruzada, dado* ou *inverso, backlink* ou *link reverso,* é um elemento que faz parte doconteúdo de alguns dos sistemas de publicação de blogs e serve para deixe-o saber ao Autor a partir de uma Blogue que em De outros Blogue eu sei existem incluído uma *Link* ou Link que Estáligar com Nenhum a partir de deles artigos. DE vezes eu sei Está usar Quando eu sei quer Fazum comentário sobre um conteúdo e é preferível fazê-lo no próprio blog do que eu posso espalhar mais.

Distribuição de conteúdo (KKKKK) ou agregadores a partir de Notícias: Obrigado de elas, umao usuário pode ler notícias de todos os blogs que quiser sem precisar visitarpiche eles 1 de 1; R) Sim, em exemplo, uma Professor eu posso Leitura tudo Está que deles estudantespostado em seus blogs simplesmente adicionando-os à sua lista.

requisitos a partir de gestão em papel a Professor
Definir a alvo em geral, definições a tema e escreve a partir de esboço, projeto que terá a Blogueou blog para o desenvolvimento da proposta pedagógica.

Realizar pesquisas exploratórias de blogs, sites, CDs ou outros materiais diretos.

Vitais que tratam do assunto e/ou têm os mesmos objetivos. selecionar materiais de acordo com seu nível de complexidade e relevância, que servem de insumos para a aumentar de um weblog para fins educacionais.

Selecionar a escreve a partir de bitácula que irá desenvolver com deles estudantes (Individual, grupoou coletivo; aberto ou fechado).

Esboço, projeto a dinâmico a partir de Interação Entre a Blogue e tu integração ao trabalho em a Sala de aula.
gerar espaços de a reflexão e consciência a partir de a estudantes eu respeito a reunir-Eu minto, formulários e Sentidos em porta de entrada de a ferramenta em a esboço, projeto (investigar em práticascomum com as TIC em ambientes não escolares; discutir semelhanças e diferenças entre a ferramenta de trabalho e outras conhecidas; refletir sobre a complementaridade Papai e a novo formulários a partir de Ferramentas já conhecidos; antecipar facilitadores, obstáculos, controvérsias e riscos o que pode surgir no trabalho Desculpe-me ferramenta).

propiciar termos de a escrevendo a partir de a Blogue (motivar a interesse genuíno a partir de aalunos; construir climas de confiança; definir objetivos que integrem as diretrizes curricularesSer estar com preocupações a partir de a alunos; Favor uma usar flexível mas eficaz a clima ema Sala de aula que contemplar a períodos requeridos de a criação; Favor uma Primeiro hora-de de a expressão e faz pouco uma segundo clima de a correção gramático ou ortografia; fomentar a correção automática, a Leitura Entre pares e a escreve de novo; Favor instâncias a partir deanalisar a partir de produções e a reflexão em a pluralidade a partir de interpretações; fomentar em s-transes brincalhão e criativo que Aberto de a emoções e a imaginação em porta de entrada de a tema que eu sei borda; eu respeito a formas diverso a partir de organizar a Treinamento; integrar códigos emodalidades a partir de expressão ter a partir de a homem jovem com a que eu sei trabalho).

Use esta forma inovadora de comunicação para monitorar o processo de aprendizagem. Ensinar, realizar intervenções para melhorar o aprendizado, enviar orientações e materiais de trabalho, e avaliar o aprendizado de os estudantes.

Fomentar a criação a partir de comunidades a partir de Aprendendo:

Gere instâncias para compartilhar informações e expressar ideias pessoais como

101

forma de melhorar os processos de ensino e aprendizagem. Configurações uma novo canal comunicação entre professores e alunos.

Promover espaços de interagir com deles pares professores com a alvo a partir de com- compartilhar experiências, trocar materiais, planejar juntos e realizar procurar.

Definir institucionalmente os critérios de publicação.

Propor dinâmicas de atualização de acordo com as possibilidades do projeto, a alunos e recursos.

Gerar espaços de reflexão sobre questões éticas e de responsabilidade na geração ração de conteúdos e o processo de comunicação social.

Orientar os alunos nos processos de design e comunicabilidade.

Para gerar espaços de reflexão sobre o construir credibilidade.

Prever momentos de aprender de liderar a ferramenta em crescendo graus a partir de com-frouxidão. Promover o uso flexível e eficiente do tempo. Leve em consideração os prazos Produção trabalho, tanto individualmente como em grupo .

diferenças com outras Ferramentas de a Comunicação
A distinção mais notável entre blogs e páginas da web tradicionais é que os primeiros geram instâncias de maior interatividade com seus leitores (inputs de comentários) e relacionamento com outros blogs e sites (inclusão de referências crossovers ou *trackbacks*) . O modelo comunicativo predominante é bidirecional em blogs e unidirecional em páginas da web. Neste último caso, as informações do autor para os leitores. Há alguns que têm espaços mais dinâmicos, como incluindo e-mail, e outros também incluem, como mais um elemento, um Blogue. Os weblogs são atualizados com frequência graças à facilidade de edição.e para postar. Que mais, a procedimentos a partir de a Treinamento em solicitação cronológico de volta e a Índiacátion de novo entradas simplificam acesso a as informações e sua leitura

Com relação de a diferença com a fóruns a partir de discussão eu sei Realçar que "OU possibilidade a partir de a interação proporcionada pelos weblogs é

102

complementar à função dos fóruns. Estes ainda são muito válidos para estimular discussões dentro de um grupo de trabalho. OUOs blogs, no entanto, são mais úteis para organizar a conversa se o que é apontar para é contribuir novos dados e links (Sábios,)" [64].

Finalmente, as web quests diferem dos weblogs principalmente no formato e a estrutura de apresentação da proposta. O weblog organiza a publicação por datas a partir de cada evento, Tempo que a missões na web eu sei reunir organizado com eixo em a bar a partir de navegação que Introduzir ao aluna no Comportamento de corre. Bibliografia.

www.ingramcontent.com/pod-product-compliance
Lightning Source LLC
LaVergne TN
LVHW051711050326
832903LV00032B/4139